D1748495

Chandra Kurt

Wine Tales

Wine Tales

Geschichten zwischen Tagliatelle und Soutane

Chandra Kurt

orell füssli Verlag AG

© 2004 Orell Füssli Verlag AG, Zürich
www.ofv.ch
Alle Rechte vorbehalten

Bilder: Chandra Kurt
Umschlaggestaltung: cosmic Werbeagentur, Bern
Druck fgb • freiburger graphische betriebe, Freiburg i. Brsg.

ISBN 3-280-05105-3

Bibliografische Information der Deutschen Bibliothek
Die Deutsche Bibliothek verzeichnet diese Publikation in der Deutschen Nationalbibliografie, detaillierte bibliografische Daten sind im Internet über http://ddb.ddb.de abrufbar.

Meiner Grossmutter Nevilde Torelli gewidmet, die vor dem Zweiten Weltkrieg nach Afrika auswanderte und die Hälfte ihres Lebens in der Schweiz verbrachte, bevor sie nach Italien zurückkehrte. Sie ruht heute in der Emilia Romagna – inmitten eines Rebberges.

Sämtliche Fotos in diesem Buch stammen übrigens aus jenem Umfeld.

DANK

Den Hotels «Thérèse» in Paris und «Posta» in Reggio Emilia, dass ich in ihren inspirierenden Adressen schreiben durfte sowie den Restaurants «La Fontaine Gaillon» in Paris und «Canossa» in Reggio Emilia für ihr gefährlich gutes Essen. Orna Siak, dass sie mich motivierte, diese Geschichten zu Papier zu bringen und dafür sorgte, dass die einzelnen Erzählungen nicht im Alltag begraben wurden. Ich danke ihr einmal mehr für die Inspiration, die sie meinem Leben gibt.

Inhalt

Vorwort

FLÄSCHER PINOT NOIR 1999, DAVAZ
oder
Wenn eine Montecristo Nr. 4 intensiver duftet als sämtliche Friedhofsblumen
Seite 17

CHÂTEAU CANTENAC BROWN 1997
oder
Ein turbulentes Kindermärchen
Seite 23

GRAHAM BECK BRUT
oder
Warum ein Bombenkrater bei der Rekrutierung von Strassenarbeitern helfen kann
Seite 29

VEUVE CLICQUOT BRUT
oder
Wie ein Geschäftsmann sein Privatleben vereinfacht
Seite 35

PORT NIEPOORT 1997
oder
Warum Donna Leon daran denkt, ein Lamm in einem Portweinfass zu ertränken
Seite 39

PINOT BIANCO 1956
oder
Wenn sich hinter einer Weinflasche die Vergangenheit versteckt
Seite 45

SHERRY TIO PEPE
oder
Wenn Sherry himmlische Gedanken weckt
Seite 49

L'ESPRIT DU SIÈCLE
oder
Wenn man sich mit dem «Streich des Jahrhunderts»
ein Auto kaufen könnte
Seite 55

PULIGNY-MONTRACHET 1998,
DOMAINE LEFLAIVE
oder
Wie ein Burgunder nach Reggio Emilia kam
Seite 61

CHAMPAGNER 1995
GRAND ANNÉE VON BOLLINGER
oder
Wenn eine Flasche aus dem Grand Hotel entführt wird
Seite 67

CHÂTEAU D'YQUEM 1990
oder
Warum man zwischendurch besser seine Meinung sagt
Seite 73

PELAVERGA 2000,
CASTELLO DI VERDUNO
oder
Warum Wein Spontanität in seiner Seele trägt
Seite 79

SASSICAIA 1997
oder
Warum man wartet, bis sich das Steak vom Rost löst
Seite 85

BARBARESCO 1995 VON ANGELO GAJA
oder
Warum es einfacher ist, über Wein zu schreiben, als ihn zu verkaufen
Seite 91

LAMBRUSCO DELL'EMILIA
oder
Wenn der Abschiedsstreit 7 dl lang vor sich hin schäumt
Seite 99

VORWORT

Ich werde immer wieder gefragt, wie ich zum Wein gekommen bin, aber wenn ich ganz ehrlich sein soll, weiss ich bis heute nicht genau, was ich darauf sagen soll. Meine Antwort lautet jeweils, dass Wein für mich die Funktion eines fliegenden Teppichs eingenommen habe.

Er führt mich auf Reisen, die ich ohne ihn nie unternähme, und er lässt mich Menschen treffen, deren Bekanntschaft ich ansonsten nie gemacht hätte. Dank ihm habe ich auch immer ein Gesprächsthema: entweder wird über das gesprochen, was sie oder er getrunken haben oder Getrunkenes lockert die Zunge.

Im Übrigen hat Wein eine besondere «Charaktereigenschaft», die ich an ihm liebe, und das ist seine Vergänglichkeit. Er ist schwer greifbar und will genossen werden. Wein regt auch zum Schreiben an. Hugh Johnson geht sogar so weit, dass er voller Überzeugung behauptet, deutscher Riesling sei der beste Wein, um Bücher zu schreiben. Nun ja: diese Erfahrung steht mir noch bevor ...

Ich habe bereits verschiedene Weinbücher verfasst, aber noch keines wie dieses. Bisher waren es immer nützliche Informationen, die ich zu Papier brachte, sei es über die Qualität einzelner Weine oder über den Umgang mit Wein. Diese Publikation ist weder nützlich noch vergänglich. Ausserdem stehen nicht die Weine im Mittelpunkt, sondern die Menschen, die sich an ihm erfreuen oder mit ihm beschäftigen.

Die 15 Kurzgeschichten dieses Buches basieren auf Erlebnissen, die mir alle in den letzten paar Jahren passiert sind, und wenn ich könnte, würde ich gerne das Rad der Zeit zurückdrehen, um sie noch einmal zu erleben – den unvergesslichen Lambrusco-Rausch der letzten Story, die Montecristo Nr. 4 mit Alfredo Nelli auf dem Friedhof, die Erzählungen meines Grossvaters über seine Kriegsgefangenschaft, ganz zu schweigen vom dramatischen Opernereignis in Reggio Emilia oder dem Erlebnis, einen Champagner zu trinken, bei dem ein Schluck 400 Dollar wert ist ...

Zürich, Juli 2004
Chandra Kurt

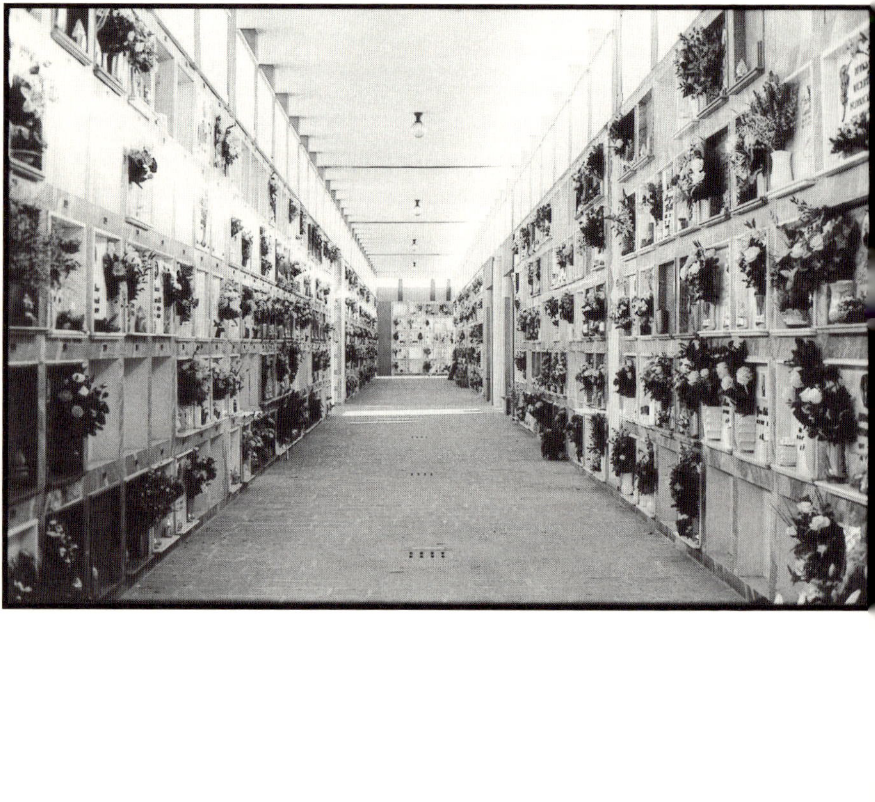

FLÄSCHER PINOT NOIR 1999, DAVAZ

oder
Wenn eine Montecristo Nr. 4 intensiver duftet als sämtliche Friedhofsblumen

Auf einem italienischen Friedhof ist selbst der Tod im wahrsten Sinne des Wortes eine lichte Sache. Kitschig-bunte Lämpchen, meist in Form einer Flamme oder einer kleinen Madonna, beleuchten die schwungvollen, vergoldeten Inschriften an den meterlangen Grabwänden. Ein typisch norditalienischer Friedhof gleicht einer kleinen Festung mit besonders dicken Ausssenmauern. Ich denke, sie sind an die drei Meter tief – tief genug, um einen Sarg darin einzumauern. Edgar Allen Poe lässt grüssen. Sechs Sargfach-Stockwerke entsprechen der Höhe und 40 Särge der Länge. 240 Partien pro Wand.

Warum ich das erzähle? Weil mich die über den Tod hinausreichende Vorsorge meiner Grosseltern an die Begegnung mit Alfredo Nelli erinnert, einem pensionierten Metzger aus Reggio Emilia.

Eigentlich war es der Duft einer Montecristo Nr. 4, die mich zu ihm führte. Denn bei jedem Besuch im neuen Zuhause meiner Grosseltern umhüllte der vertraute nussig-strohige Duft einer in Ruhe gerauchten Montecristo den linken Aussengang des Friedhofs. Nicht einmal der süsslich-penetrante Geruch, den frische Lilien in den Abendstunden von sich geben, oder ein halbes Dutzend Blumenkränze (so viele werden jeweils im Durchschnitt bei einer Beerdigung geliefert) konnten es mit Alfredos Zigarre aufnehmen. Sie war leiser Botschafter seiner Präsenz.

Meine Grosseltern hatten sich ihren Platz (inklusive Beleuchtung und Marmorabdeckung) bereits reserviert, als ich noch zur Schule ging und mehr über ihre Spaghettisauce nachdachte als über ihren Tod. Inzwischen ist eine Generation vergangen und ihre Plätze sind belegt. Laut dem Friedhofswärter Cosimo liegt die Auslastung bei 90 Prozent. Weniger gut sehe es allerdings mit der Beleuchtungsdichte aus. Da nicht alle Nachkommen die jährliche Stromgebühr für das ewige Licht zahlten – meistens nach dem zweiten Todestag ist *finito* –, könne er gerade etwa 60 Prozent anzünden. Dabei koste es nur 60 Euro.

Alfredo Nelli sass auf einem ziemlich abgesessenen Campingstuhl und blickte zur obersten Grabreihe. Neben einer leeren Einlassung sah ich dort ein beschriftetes Grab: Ines Nelli – seine Frau, wie er mir eines Tages erzählte, als ich ihn auf seine Zigarre ansprach.

«Sie ertrug es nicht, wenn ich zu Hause rauchte.»

«Nein?», fragte ich.

«Sie sagte, die Vorhänge würden ganz grau und zudem sei es ungesund. Das liess sie sich auch vom Dottore bestätigen.»

«Ja?»

«Ja, ja, wenn er zu uns nach Hause kam, um etwas von meiner hausgemachten Knoblauchsalami zu holen, betonte er in ihrer Anwesenheit immer laut und deutlich, dass Rauchen schädlich sei. Wenn ich ihn aber nach dem Nachtessen im Café traf, rauchten wir zusammen eine Zigarre. Immer nur Montecristo Nr. 4», berichtete er mit leisem Stolz.

Die Italiener wissen schon, wann eine Sache ernst zu nehmen ist und wann nicht. Hauptsache der Hausfrieden ist gewahrt und die Vorhänge sind schneeweiss.

«Ich komme jeden Tag zweimal her, einmal vor dem Mittagessen und einmal gegen fünf Uhr. Bei jedem Wetter», erklärte Alfredo. «Jeden Tag, seit sie vor 15 Monaten gestorben ist. Wo soll ich auch sonst hin. Nicht wahr, Amore», sagte er und schickte einen Kuss Richtung Ines' Grabfoto, einer kolorierten Schwarzweissaufnahme aus den Achtzigern mit rosa Hintergrund. Ines war nach dem Bild nicht älter als sechzig und ihre Frisur das Resultat eines dreistündigen Coiffeurbesuchs.

«Amore, bald bin ich sowieso bei dir», sagte er kurz, bevor er seine Mundhöhle genüsslich mit dem Rauch der Montecristo füllte und ihn nach wenigen Sekunden aufsteigen liess – in Richtung Signora Nelli. Ob Tote riechen können?, musste ich instinktiv denken.

«Mögen Sie Knoblauchsalami?», fragte er.

«Wie? Natürlich. Und wie. Genauso wie eine Montecristo.»

«Wollen wir uns morgen zum Mittagessen treffen?»

«O. k., gerne. Im Café?»

«Nichts Café, ich kann jetzt rauchen, wo ich will. Nein hier! Sagen wir um eins.»

«Sehr gerne», antwortete ich, überrascht von dem Gedanken, der so natürlich war wie der Wechsel der Jahreszeiten. Und wenn es etwas gab, was meine Grossmutter besonders an mir mochte, dann war es, mich essen zu sehen – wo der Teller stand, war bestimmt nicht so wichtig.

Am folgenden Tag sass Nelli bereits in seinem Campingstuhl und schnitt auf einem Holzbrettchen alles andere als akademische Salami- und Brotscheiben. Ein zweiter Stuhl stand bereit. Ich wollte mich zu ihm setzen, als mir in den Sinn kam, dass sich im Kofferraum meines Autos noch eine Kiste 99er Pinot Noir des Bündner Winzers Andrea Davaz befand.

Sie war eigentlich Tauschobjekt für einen Zweimonatsvorrat hausgemachten Kürbis-Tortelli, aber angesichts der Tatsache, dass mich mein Weg ohnehin in wenigen Wochen wieder in die Emilia führen würde, verschob ich kurzerhand den Handel und entschloss mich, die Kiste zu öffnen.

«Amore, dieser Wein hätte dir gefallen. Er schmeckt wie wilde Erdbeeren und Schweizer Schokolade», prostete er Ines zu, während ich in die zentimeterdicke, butterweiche Salamischeibe biss.

Ich weiss nicht mehr, wie lange wir – drei Meter unter Signora Nellis Foto – sassen, aber nach der zweiten Flasche Wein verriet mir Alfredo das Geheimnis der emilianischen Küche. Es sei der Parmesan. Er gehöre dazu, wie der Papst in den Vatikan. Ob in den Brodo, auf die Tagliatelle oder in den Spinat – Salz habe niemals eine derartige Wirkung wie Parmesan. Ein echter Parmigiano sei zudem zart kristallin, schmecke crèmig, ja sogar etwas nach Rahm und Butter, bis sich die subtile, dezente Würze durchsetze. Wir schwelgten in unseren kulinarischen Phantasien und genossen die Gegenwart.

Zwei Wochen später war ich wieder in der Emilia, erneut mit einer Kiste Davaz im Kofferraum und einer Kiste Montecristo für Alfredo. Als ich im Cimitero ankam, war sein Campingstuhl leer. «Signora», rief Cosimo aus seinem Wärterhäuschen heraus, das auch Kontrollstelle sämtlicher Friedhofslämpchen war, «er ist gegangen.»

«Nach Hause?»

«Nein, zu ihr.»

Aber da kann er doch nicht mehr rauchen, dachte ich sofort.

«Letzte Woche. Ich fand ihn in seinem Stuhl. Eingeschlafen. Einfach so», berichtete Cosimo.

Ich näherte mich seinem Sessel und trat plötzlich auf einen weichen Gegenstand. Eine halbgerauchte Montecristo. Ich sah nach oben, und während ich Alfredo Nellis koloriertes, bestimmt mehr als 20 Jahre altes Foto fixierte, roch es zum ersten Mal nach frischen Blumen.

Ich liess mich in seinem Sessel nieder und zündete mir eine Montecristo an. Wer weiss, vielleicht vermisste er ja den Duft.

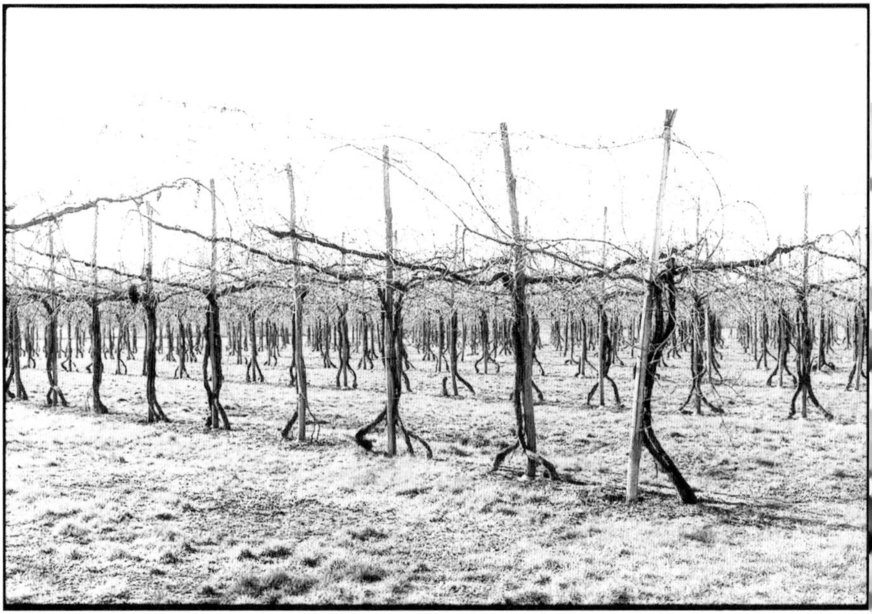

CHÂTEAU CANTENAC BROWN 1997

oder

Ein turbulentes Kindermärchen

Es gibt Dreiecksgeschichten und Dreiecksgeschichten. An dieser hier nahmen ein Vater mit seinem Sohn teil, ferner mein Flugnachbar und schliesslich ich ... Ausgangspunkt war irgendein imaginärer Ort in rund 10 000 Meter Flughöhe zwischen Europa und Südamerika und Anlass ... das gefährliche Schaukeln einer Boeing 747, die sich durch dichte Wolkenmassen zu kämpfen schien.

«Ladies and gentlemen, please fasten your seat belt. We are flying through some turbulences», wurden wir gewarnt, aber das wäre nicht nötig gewesen – man hätte bewusstlos oder tot sein müssen, um es nicht wahrzunehmen. Aus meinem Whiskyglas ertönte schon viel zu lange das fröhliche Klimpern der Eisstückchen, die wild hin und her schaukelten und dabei mit der Glaswand kollidierten.

Was tun?

In solchen Situationen wirken bei mir zwei bis drei Whiskys am besten. Sie unterfüttern die Seele und lassen alles nicht mehr so gefährlich erscheinen. Also bestellte ich schon mal den zweiten.

Hinter mir sass ein Vater mit seinem etwa sechsjährigen Sohn. Während der Kleine bisher laut mit seinem Spielzeug hantiert und seinen Vater beschäftigt hatte, wurde er plötzlich ganz still. Seit die Rumpelei begonnen hatte, entwich dem Kleinen kaum ein Laut – im Gegensatz zu seinem Vater, der jetzt erst in Fahrt kam. Entweder wollte er seinen Sohn beruhigen oder sich oder beides. Also erzählte er dem Buben eine Geschichte und ich hörte zu:

Irgendwo in Italien liegt ein kleines Bauerndorf, in dem Dottore Enzo Fabiani lebt. Die Leute im Dorf mögen ihn, weil er ein «Dottore» ist und viel gereist. Es ist auch schon Tradition, dass er im Café der Frau Cecilia Giovanni nach jeder Reise die schönsten Reisegeschichten erzählt und ihm dabei die halbe Dorfgemeinschaft zuhört. Alt und jung versammelt sich im Café, der Metzger Ferrari, der Pfarrer Giorgini, der Dorftrottel Spinacco, alle warten sie gespannt darauf, dass der Dottore endlich beginnt.

Auch Frau Giovanni, die dicke Café-Besitzerin, die an solchen Abenden fünf Flaschen des selbst gekelterten Weins aus dem Keller holt und auf den Tisch stellt, ist eine gespannte Zuhörerin. Du musst nämlich wissen, dass das, was der Dottore erzählt, alles geglaubt wird, wie übrigens auch alles, was aus dem Fernseher kommt. Die Bewohner des Dorfes werden in ihm geboren, sie wachsen hier auf, sie leben hier, und sie sterben hier.

Da keiner der Bauern diesen Fleck je verlassen hat und somit Enzo Fabiani nicht widersprechen könnte, polierte Fabiani seine Geschichten oft auf, und manchmal übertrieb er auch kräftig. Er erzählte sie aber jedes Mal mit einem solchen Enthusiasmus und einer Begeisterung, dass es nicht schwer fiel, ihrem Lauf zu folgen.

Eines Abends, als sie wieder im Café der Cecilia Giovanni sitzen, erzählt Dottore Fabiani: «Ihr wisst ja, liebe Freunde, dass in den Städten um uns herum geforscht wird. Das heisst, dass gescheite Männer versuchen, neue Dinge in Medizin, Astrologie, Physik ... zu entdecken, und jedes Jahr kommen sie zusammen und zeigen einander an einem Kongress, was sie entdeckt haben», begann der Dottore und fuhr nach einem kräftigen Schluck Rotwein fort, «Doch da gab es einen, der nie erschien. Professore Andreuzzi war sein Name. Es hiess immer, er sei zu beschäftigt mit seiner Entdeckung. Wie auch immer! Das löste natürlich unter den Forschern eine gewisse Spannung und Neugierde aus, da überhaupt niemand wusste, in welchem Gebiet dieser Mann forschte.

Die Jahre vergingen, und eines Tages wurde angekündigt, dass auch der mysteriöse Andreuzzi am Kongress teilnehmen werde, um eine Ent-

deckung publik zu machen. Ihr könnt euch ja vorstellen, dass diese Nachricht in Windeseile verbreitet wurde und dass das Interesse für diesen Kongress mit jedem Tag anstieg.»

Verständnisvoll nickten die Zuhörer mit ihren Köpfen. «Und kam er auch?», wollte Signora Giovanni wissen.

«Natürlich», liebe Signora. Als es schliesslich so weit war und Professore Andreuzzi im voll besetzten Saal das Podium bestieg, klatschten alle laut und riefen seinen Namen. Sie jubelten, obwohl sie gar nicht wussten, wofür. Auf das Podium hatte sich der Professore eine riesige Kiste bringen lassen und alle glotzen sie an. Er nahm das Oberteil ab, und man sah einen jungen Mann – Professor Andreuzzi wie aus dem Gesicht geschnitten – sein jüngeres Ich. Er lächelte, winkte ins Publikum und fing plötzlich an, eine Arie zu schmettern. Vielleicht war es die Erleichterung, vielleicht die Verwirrung, aber im Saal wurde geklatscht und gejubelt wie noch nie.

Andreuzzi bat um Ruhe und begann: ‹Dies ist meine grösste Entdeckung, das Vollkommenste von allem.› Er warf etwas auf den Boden und der junge Mann beugte sich nach vorn und hob es auf. ‹Sehen Sie, liebe Kollegen, er funktioniert ohne sonstigen Antrieb, ohne eingebaute Maschine. Er kann sprechen, den Arm heben, gehen, singen, er ist die grösste Entdeckung meines Lebens.›

Alle waren begeistert über Andreuzzis Entdeckung, und sie sahen verblüfft zu, wie der junge Mann die Seitenklappen des riesigen Kartons über sich zusammenzog und wieder im Karton verschwand. Als alle hinaus gingen, sprachen sie über nichts anderes. Schliesslich war der Saal leer und nur der Karton stand noch auf der Bühne.

Nur der Abwart wunderte sich nachher. Als er nämlich den Saal fegte, hörte er lautes Gerumpel; dann öffnete sich ein Seitenteil des Kartons, und aus diesem kletterte ein Liliputaner heraus. Er beugte sich noch mal hinein, holte einen Hut und einen Spazierstock hervor, und lief mit schnellen, kleinen Schritten aus dem Saal ...»

Mit diesem Satz endete die Geschichte des Dottore, und bevor er den letzten Schluck Wein austrinken konnte, klatschten alle im Café Giovanni. Cecilia gab Enzo Fabiani einen dicken Kuss, und als alle nach Hause gingen, waren sie glücklich, eine so schöne Geschichte gehört zu haben, dass sie vergassen, den Fernseher einzustellen.

Der Dottore blieb noch ein Weilchen. Doch dann ging auch er und überlegte sich auf dem Heimweg bereits eine neue Geschichte.»

Während ich lauschte, schien sich mein Sitznachbar bei den heftigen Turbulenzen ebenfalls mit Alkohol zu beruhigen. Denn sein Glas Château Cantenac Brown 1997 leerte sich fast so rhythmisch wie das Flugzeug Richtung Süden «rappte». Am liebsten hätte er wohl die ganze Flasche bei sich behalten, aber angesichts der unstabilen Lage nahmen die Flight Attendants sie immer wieder auf ihren Platz mit zurück, um ihm jeweils noch einmal das Glas zu füllen.

Aber dann fiel mir auf, dass er auch ein äusserst eifriger Schreiber war, und als ich ihm unauffällig über die Schulter sah, merkte ich, dass er die ganze Geschichte über Professore Andreuzzi aufschrieb, und zwar in solch einem Tempo, dass er kaum einen Satz vergessen haben konnte. Ich fragte mich natürlich, was er damit vorhatte: ein Kinderbuch schreiben? Die Geschichte wieder wegwerfen, weil das Schreiben ihm einfach nur geholfen hatte, sich vom Flug abzulenken? Wer weiss …

Lange Zeit verfolgte mich das hektische Schreiben von Mr. Cantenac Brown, und ich ertappte mich immer wieder, wie ich in Feuilletons und Kinderbuchabteilungen nach solch einer Erzählung oder nach einem Buch suchte. Ohne Erfolg. Dann stolperte ich aber über eine Geschichte, die sich wirklich abgespielt hat: Anfangs des 18. Jahrhunderts gab es einen «Schach-Türken», angeblich ein mechanischer Apparat, der besser Schach spielen konnte als jeder menschliche Gegner. Sein Besitzer reiste durch ganz Europa von Hof zu Hof und zeigte den kaiserlichen und königlichen Herrschaften sein mechanisches Wunderwerk. Erst fünfzig Jahre später – der reisende Schausteller war längst gestorben – kam man dahinter, dass sich im «Schach-Türken» ein Liliputaner aufgehalten hatte, der die Mechanik bediente ...

Sollte ich je auf meinen Reisen noch einmal auf den erfindungsreichen «Schöpfer» der Geschichte treffen – «seine» Geschichte hat mich immerhin lange beschäftigt –, ist wohl klar, womit ich mit ihm anstossen werde – wahrscheinlich wird es ein 97er Château Cantenac Brown sein – nur hin und her wackeln, das müssen wir selber.

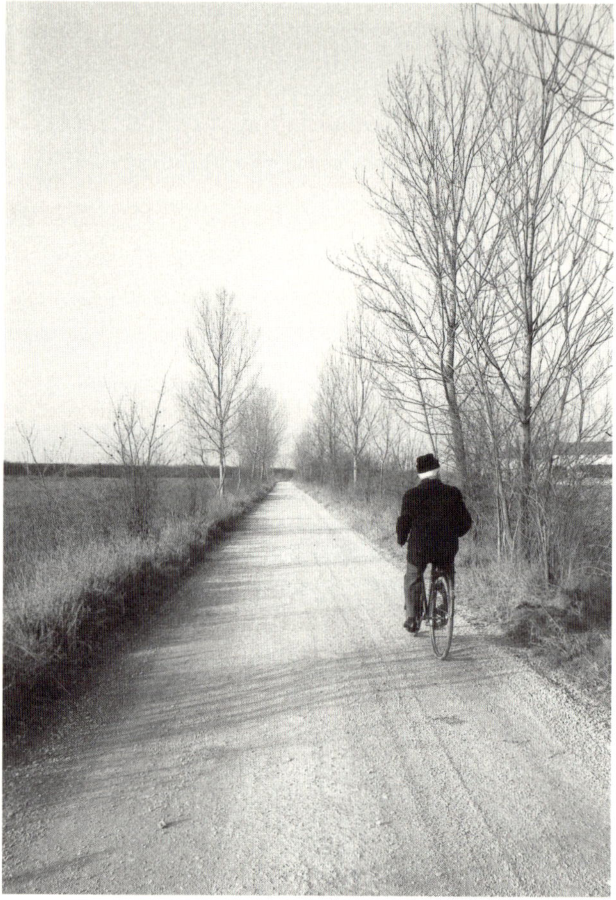

GRAHAM BECK BRUT

oder
Warum ein Bombenkrater bei der Rekrutierung
von Strassenarbeitern helfen kann

Mein Grossvater war kein Mann grosser Worte; von Beruf war er Coiffeur, im Herzen Freigeist, der am liebsten pfeifend durch die Natur spazierte und sich anhörte, was ihm Vögel und Bäche zu erzählen hatten. Sprach er von seiner Vergangenheit, waren das immer die Jahre, als er noch zur Schule ging, also vor 1925, als seine Welt arm und der Zweite Weltkrieg in weiter Ferne lag.

Aber zwischen seiner Zeit als Jugendlicher und jener als Grossvater gab es ja auch noch Einiges. In diesem «Dazwischen» liegt auch die Zeit seiner Gefangenschaft. Sie ist derart merkwürdig, dass ich mich manchmal fragte, ob sie nicht aus einem Film stammt. Mein Grossvater glich in seinem Naturell «Ferdinand», dem Stier aus der Erzählung von Munro Leaf. Er konnte keiner Fliege etwas zu Leide tun und gab in einem Konflikt immer dem anderen recht – zumal ihm zwischenmenschliche Auseinandersetzungen so wenig zusagten wie den Italienern französische Küche.

In den Vierzigerjahren des letzten Jahrhunderts suchte er das Glück in Mussolinis Kolonie in Äthiopien. Doch der Kriegsausbruch brachte auch für ihn eine Wende in seine Lebenspläne. Man schickte ihn an die Front, ausgerüstet mit Säbel, Gewehr und Patronen – ein schlechter Entscheid des Staates, denn sein Kampfgeist war nicht sehr ausgeprägt.

«Du musst wissen», begann er seine Geschichte jeweils, «dass ich nie daran gedacht habe, nur einen Schuss abzufeuern. Glücklicherweise schlug dicht neben unserem Lager eine Bombe der

Engländer ein, die einen so tiefen Krater in den Boden riss, dass ich mich darin verstecken konnte. Ich sprang rein und wollte warten, bis es oben wieder ruhig wurde.

Einen Tag später landete plötzlich ein zweiter Körper in meinem Versteck, auch ein Italiener, der sich in Sicherheit gebracht hatte. Er hatte Brot in seiner Tasche, ich Wasser. Und so warteten wir drei Tage, bis es oben still geworden war und die Schiesserei endlich ein Ende genommen hatte. Als wir sicher waren, dass sich nichts mehr rührte, kletterten wir raus und ...» hier machte er jeweils eine Pause, als ob er es bis heute nicht glauben konnte, «... trennten uns. Ich wollte nach rechts und Paganini nach links. Ich höre es noch heute, wie wir uns zuriefen: ‹Ciao, ci vediamo in Italia!›. Zwei Wochen später trafen wir uns in einem Gefangenentransport nach Südafrika. Ich, weil ich mich wenige Tage nach unserer Trennung in ein englisches Lager verlaufen hatte, und er, weil er sich freiwillig stellte, aus Angst, erschossen zu werden.»

Sieben Jahre lebte mein Grossvater in einem Gefangenenlager in Südafrika, wo er zusammen mit zahlreichen anderen Italienern Strassen und Häuser baute und den englischen Soldaten die Haare schnitt. Allerdings sprach er kaum über diese Zeit. Seine Erzählungen vom Krieg endeten immer mit seiner Bekanntschaft zu Paganini.

Aber letztlich blieben sie sich unfreiwillig doch nah. Mein Grossvater und Paganini lebten nämlich bis zu ihrem Tod im selben Dorf in der Emilia, der eine am westlichen Ende, der andere am östlichen. So nah wie während der Tage im Bombenkrater kamen sie sich allerdings nie mehr. Wenn sie sich auf der Strasse trafen, hoben sie zwar zum Gruss den Hut und zogen weiter. Aber jeder in seine eigene Richtung. Kaum war Paganini weit genug, dass er uns weder hören noch sehen konnte, meinte mein Grossvater jeweils zu mir: «Weißt du, das war Paganini, der vom Bombenkrater. Drei Tage sassen wir zusammen, und als wir endlich raus konnten, wollte er in eine andere Richtung gehen als ich. So ein Idiot. Gebracht hat's ihm auch nicht viel.»

Ich musste einmal mehr an diese Geschichte denken, als mein Beruf mich nach Südafrika führte. Ich sass als Jurorin in Kapstadt, um südafrikanische Weine zu bewerten und unterhielt mich beim abendlichen Apéro mit meinen Gastgebern. Serviert wurde der vorzüglich schmeckende Graham's Beck Schaumwein, als im Gespräch plötzlich der Begriff «Chapman's Peak» fiel. Bewusst hatte ich ihn noch nie gehört, doch unbewusst stellten sich alle meine Sensoren automatisch auf Empfang. «Chapman's Peak?», wiederholte ich in Gedanken.

Manchmal passiert mir das. Ich höre einen Namen und ich weiss, dass er etwas mit mir zu tun hat. Instinktiv will ich dann mehr darüber in Erfahrung bringen, und zwar so lange, bis mein ursprünglich unerklärliches Interesse seine Begründung bekommen hat.

«Was ist ‹Chapman's Peak›?», fragte ich Christine Cashmore, die Herrin des Hauses. Sie füllte mein Glas mit Südafrikas «National-Champagner» auf und erklärte stolz, Chapman's Peak sei eine wunderschöne Küstenstrasse am unteren Ende des Kaps.

«In den letzten sieben Jahren war sie gesperrt, da es nicht sicher war, auf ihr zu fahren. Sie wurde geschlossen, nachdem ein Felsbrocken einen Automobilisten erschlagen hatte.»

Ich hörte ihr gespannt zu, in der Hoffnung, bald eine Pointe zu hören, die mein Interesse befriedigen könnte.

«Ja, und jetzt ist sie wieder offen. Seit letzter Woche. Anscheinend wurde alles renoviert und die gefährlichen Streckenteile sicher gemacht. Wollen wir morgen einen Ausflug dahin machen?», warf sie in die Runde ein.

«Warum nicht?», war meine spontane Reaktion. Doch ein Blick des Jury-Chefs machte klar, dass wir angesichts der zahlreichen noch zu verkostenden Weine in den nächsten Tagen nicht an Ausflüge denken sollten.

Bevor sich unser Gespräch allerdings wieder önologischen Themen zuwenden konnte, fragte Christines Tochter Louise: «Ist das nicht die Strasse, die von den italienischen Gefangenen gebaut worden ist?»

Da war es! Mein Grossvater musste hier gewesen sein. Mit Paganini, seinem Krater-Gefährten. Angekurbelt durch die prickelnde Wirkung des Graham Beck galoppierte meine Fantasie mit Grossvater durch Afrika – spaghettikochende Italiener unterm Tafelberg, Tomatensaucen, nach denen sich sogar die Engländer die Finger ableckten, Rotwein aus Stellenbosch, ein heimwehschwangeres «O sole mio» an der Waterfront beim Blick auf den Atlantik ...

Ich habe bis heute nicht herausgefunden, ob Grossvater an diesem Strassenbau beteiligt war oder nicht. Aber ich bin mir sicher, dass sein Geist hier unten – am Ende der Welt – weiterlebt.

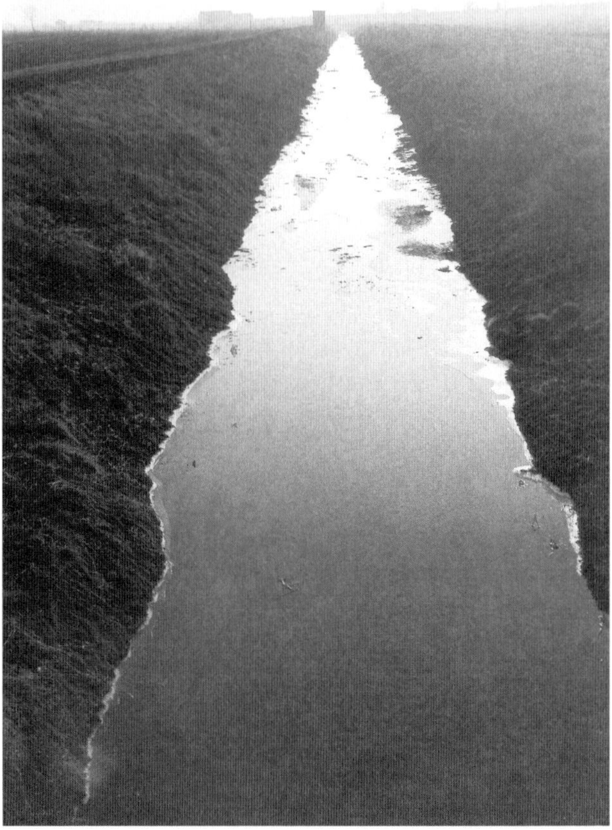

VEUVE CLICQUOT BRUT

oder
Wie ein Geschäftsmann
sein Privatleben vereinfacht

Flughafen Wien-Schwechat. Draussen stürmte und regnete es ohne Unterbruch. Seit Tagen. Es war am Eindunkeln und ich sass im vollen Gate für den Flug nach Zürich. Wie das bei 17-Uhr-Flügen so üblich ist, werden sie primär von Geschäftsleuten gebucht. Das Meeting oder der Businesslunch sind vorbei, und da die Firma die Übernachtung nicht zahlt, fliegt man noch am selben Tag zurück.

Neben mir sass so ein typischer 17-Uhr-Passagier in voller Montur. Anzug, Laptop, Agenda – und mit einem mit Marlboro-Werbung bedruckten Plastiksack aus dem Duty-Free-Shop. Inhalt, gut erkennbar: zwei Flaschen Veuve-Clicquot-Champagner.

Banause, das muss man sich doch nicht im Duty Free kaufen, dachte ich. Wenn, dann Whisky oder Cognac. Da kann man sparen.

Und während ich mir über diese wirklich bahnbrechende und lebensumwälzende Erkenntnis den Kopf zu zerbrechen begann, läutete sein Handy.

«Sutter!», schrie er förmlich.

«Ah, hallo Schatz! Wie geht's? (Pause) Ja, ja. Ich bin schon wieder am Flughafen. (Pause) Der Verkehr war grässlich. Und das Wetter hier. Richtiges österreichisches Sauwetter.»

Ich versuchte mich auf das Bodenpersonal zu konzentrieren, in der Hoffnung, bald einchecken zu können, aber Sutters Stimme hatte sich in meinem Ohr festgedockt.

«Und wie war Dein Tag?» Sutter wirkte mehr und mehr angespannt und nahm zeitweise den Hörer vom Ohr.

Da scheint jemand noch lauter zu sprechen als er, schoss es mir durch den Kopf.

«Aha! Aber das kann doch bis am Wochenende warten. (Pause) Natürlich nehme ich deine Bedürfnisse ernst, Schatz. Aber morgen ist Vorstandssitzung und am Freitag sind wir bei Brunners zum Nachtessen eingeladen. (Pause) Wie bitte? Du wolltest doch unbedingt zu Brunners, um zu sehen, wie sie ihre Wohnung eingerichtet haben. Ich stelle mir den Wochenendbeginn auch ganz anders vor.»

Na klar, mit einem Bier vor dem Fernseher. Es ist einfach schrecklich, was für einen Unsinn man sich in öffentlichen Räumen anhören muss.

Sie schien ihn zur Weissglut zu treiben, denn sein Themawechsel konnte nur ein Akt der Verzweiflung sein.

«Ich hab Dir etwas mitgebracht. (Pause) Nein, das sag ich Dir nicht. Du wirst es heute Abend sehen, Schatz. (Pause) Nein, es ist eine Überraschung. (Pause) Jetzt hör schon auf. Also gut, wenn Du's wissen willst ... es ist eine Flasche Veuve Clicquot. Die magst Du doch so gerne.»

Dann sagte er plötzlich, mit einem Anflug von Erleichterung in der Stimme: «Du, Schatz, ich hab ein anderes Telefon. Ich ruf Dich gleich zurück.»

Er drückte auf den Knopf und ein mir bereits bekanntes «Sutter!» donnerte los. Damit hatte er wieder, ob ich wollte oder nicht, meine volle Aufmerksamkeit.

«Ach, du, meine Liebe», sülzte er in sein Nokia-Handy. War das derselbe Mann, der noch vor Sekunden eine dieser klassischen Endzeitstadium-Ehepaar-Konversationen geführt hatte?

«Du, das ist aber schön, deine Stimme zu hören.»
Pause.

«Ich musste den ganzen Tag an dich denken und an … du weisst schon.»

Er wurde rot – und ich neugierig. Was meinte er denn?

«Meine Prinzessin. Hast du schon wieder Hunger auf deinen Prinzen? Ach Du …», stöhnte er, wobei er jetzt so leise sprach, dass ich nicht mehr alles hörte. Eigentlich hätte ich ja darüber glücklich sein müssen.

«Ich habe uns vorhin eine Flasche Veuve Clicquot gekauft. Für morgen. Die prickelt so schon … nicht nur im Mund», er war jetzt knallrot und ich hatte plötzlich ein unverschämt langes und grosses Ohr.

Endlich. Er hatte das Gespräch mit der Veuve Clicquot Nummer zwei beendet, wählte aber schon wieder eine Nummer. Flasche Nummer eins.

«Ja, ich bins wieder. Es war das Geschäft», erklärte er wahrscheinlich ohne Aufforderung. «Die lassen mich ja nie in Ruhe. Aber was soll's, morgen … (Pause) Meine Stimme? Was ist mit meiner Stimme?»

Sie ist anders, du Trottel, schoss es mir durch den Kopf. Du bist plötzlich viel zu nett zu deiner Frau. Das ist sie von dir nicht gewohnt.

«Das stimmt doch gar nicht. Mich interessiert, wie es dir geht. Aber lass uns doch heute Abend über alles reden. (Pause) Nein, ich schiebe nichts unter den Teppich…»

Die Ankündigung «Ladies and Gentlemen our Swiss flight to Zurich is now ready to board …» zerschnitt effizient wie ein Samuraischwert das emotionsbeladene Gespräch dieser Musterehe.

«Ich muss jetzt stoppen Schatz. Wir boarden.»

Zum Glück, dachte ich. Das war ja nicht zum aushalten.

Zum Glück, dachte wohl auch er, während er noch schnell ein SMS tippte – dreimal dürfen wir raten, an wen.

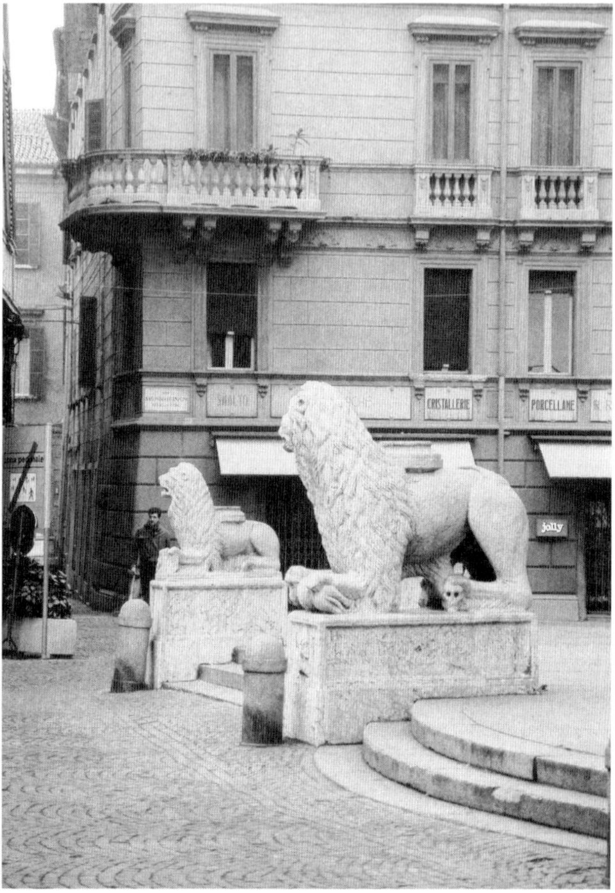
SMALTO
CRISTALLERIE
PORCELLANE
jolly

PORT NIEPOORT 1997

oder
Warum Donna Leon daran denkt,
ein Lamm in einem Portweinfass zu ertränken

Commissario Brunetti war längst Begleiter meines Alltags, bevor ich seine kreative Mutter, Donna Leon, kennenlernte. Der Commissario begleitete mich auf meinen Weinreisen, insbesondere in Gebiete, die mir noch fremd waren, und sorgte so dafür, dass sich meine Gedanken bei Bedarf in einem bekannten Szenario ausruhen konnten. Denn mit vertrauten Personen im Gepäck (auch wenn sie sich zwischen zwei Buchdeckeln befinden) lässt man die Heimat einfacher zurück, zumindest in meinem Fall. So bereisten Brunetti und ich unter anderem die Weingebiete Südafrikas, Argentiniens, Chiles, Bulgariens, Ungarns, Zyperns und – Portugals, dem Land des Ports.

Portugal: Einer meiner liebsten Orte dort ist das Hotel Bussaco. Ich verdanke diesen Tipp Dirk van der Niepoort, dem aufstrebenden Enfant terrible der portugiesischen Weinszene. Bussaco war einst Refugium für Europas Könige, heute ist es eines der merkwürdigsten und unvergesslichsten Hotels Europas. Wie in einem Märchenwald versteckt, lockt es Gäste aus aller Welt in sein Inneres.

Jede Besucherin mag sich selbst überlegen, welcher Gruselfilm darin wohl gedreht wurde, aber an dieser Stelle sei versichert: Das Hotel Bussaco war nicht die Kulisse in Roman Polanskis «Tanz der Vampire» – ... wenn dieser Palast auch alle Voraussetzungen dafür bietet. Denn auch Vielgereiste begegnen während ihrer Laufbahn nur wenigen Orten, wo neben Hotelgästen und

Personal noch der eine oder andere Geist im Gemäuer steckt. Einige werden auch gleich vorgestellt: die Zimmer tragen Namen von bekannten und längst verstorbenen Gästen.

So kann man beispielsweise in Agatha Christies Gemach nächtigen und braucht nicht viel Fantasie, um sich davon zu überzeugen, dass die Crime-Lady hier den einen oder anderen Mord zu Papier gebracht haben mag.

Nachdem ich «ihr» Zimmer inspiziert hatte, war mir klar, dass hier seit Jahrzehnten praktisch nichts mehr verändert worden war – im Zeitalter boomender Erlebnis-Hotellerie ein absolutes Highlight.

Vielleicht finde ich noch ein verstecktes Manuskript, dachte ich, als ich Donna Leons achten Fall auf den Nachttisch legte. Und während mein Blick durch das geräumige Zimmer schweifte, suchte er instinktiv nach möglichen Geheimplätzen. Ob ich die Wand nach Hohlräumen abklopfen sollte?

Ich liess es bleiben. Es war Zeit für das Dinner, obwohl – es hätte meinem Zimmernachbarn die Bestätigung gegeben, dass hier echte Klopfgeister hausten. Zehn Minuten später sass ich mit Dirk van der Niepoort im Speisesaal, der grösser als manche Kirche und derart verziert und mit Antiquitäten bestückt war, dass einem schwindlig wurde, bevor der Wein seine Wirkung tun konnte.

«Und?», wollte Dirk wissen. «Schon schön hier, was?»

«Und wie. Ein Wahnsinn», antwortete ich beeindruckt.

«Komm, gib mir Dein Glas. Wir probieren jetzt meinen neuen Vintage Port. Das wird etwas ganz Grosses. Da bin ich mir sicher.»

Und während er mir eine Fassprobe des pechschwarzen 97er Ports in mein Glas leerte, servierte der adrett gekleidete und aufmerksame Kellner ein festliches Essen. Bohnensuppe, Spanferkel und reifen Käse.

Wir blieben beim Port, was sicher nicht von jedem Connaisseur goutiert würde, aber nach meiner Erfahrung ist es besser, bei einer Sorte Alkohol zu bleiben, als zu viele zu mischen.

Nach dem Essen setzten wir uns ans Cheminée, das etwa so gross war wie eines der Zeitungshäuschen in Paris, die in regelmässigen Abständen die Boulevards drapieren. Das Feuer loderte und Dirk gab dem Kellner ein Zeichen.

«Sie können die Karaffe jetzt bringen.»

Wenige Minuten später schenkte er mir ein orange leuchtendes Getränk ein, dessen Duft an getrocknete Orangenschalen, Marzipan, edelsten Honig und Rosinen denken liess.

Ich trank einen Schluck. Nein, Port ist es nicht, dachte ich mir, dafür ist die Säure zu hoch und die Frische zu kräftig.

«Madeira?», sagte ich fragend zu Dirk.

«Ja, welcher Jahrgang?»

«Welcher Jahrgang? Welcher Jahrgang?», stotterte ich verlegen. «Äh ... Das weiss ich nicht.»

«68, dein Jahrgang», antwortete er stolz, mich überrascht zu haben.

«Nein!»

«Ja, aber 1868». Und während diese Worte noch in meinen Ohren nachklangen und sämtliche historisch bemerkenswerten Ereignisse zwischen dem Jetzt und 1868 durch mein Hirn jagen liessen, gab ich meinen Vorsatz auf, nüchtern zu bleiben.

Leider träumte ich in dieser Nacht nicht von einer Reise im Orient-Express oder davon, Miss Marples Bekanntschaft zu machen. Entweder lag es an Niepoorts 97er Portwein, dem 1868er Madeira oder an Brunettis Präsenz auf dem Nachttisch.

«Vielleicht würde es hier auch dem Commissario gefallen», dachte ich mir, während ich in meinem original Art-Deco-Bett aufwachte. Und als ich mir einen Plot zurechtlegte, wie der Lokalmatador aus seinem geliebten Venedig weggelockt werden ... könnte, schlief ich wieder ein.

Einige Jahre später war Brunettis elfter Fall bereits in allen Bestsellerlisten und Donna Leon zu Gast bei mir. Ihr Besuch führte zu einer unverhofften Reminiszenz an den Port.

Ich kochte gerade Tomatensugo für das Nachtessen und sprach über eines meiner Lieblingsgerichte. Gigot im Portwein. Seine geschmackliche Vollkommenheit und seine einfache Zubereitungsart gefallen mir ganz besonders. Denn es genügt, das Fleisch anzubraten, es in eine grosse Form zu geben, mit einer Flasche Portwein zu übergiessen und dann mit Fleur de Sel und Rosapfeffer einzuschneien. Anschliessend lässt man das Ganze im Ofen bei 80 Grad rund vier Stunden garen. Sie werden sehen; es wird richtig gut, und mein begeisterter Vortrag brachte auch Donna Leon zum Nachdenken.

«Hmm ...», sinnierte sie, «ob das Fleisch wohl noch besser schmecken würde, wenn man das ganze Schaf im vollen Portweinfass ersäufen würde?»

Und bevor ich meine Verblüffung mit einer Antwort kaschieren konnte, fuhr sie fort: «Lebend natürlich!»

War das *déformation professionelle*? Gigot im Portwein gehört weiterhin zu meinen Standardgerichten, aber mir ist inzwischen klar, warum Donna Leon lieber Pasta isst.

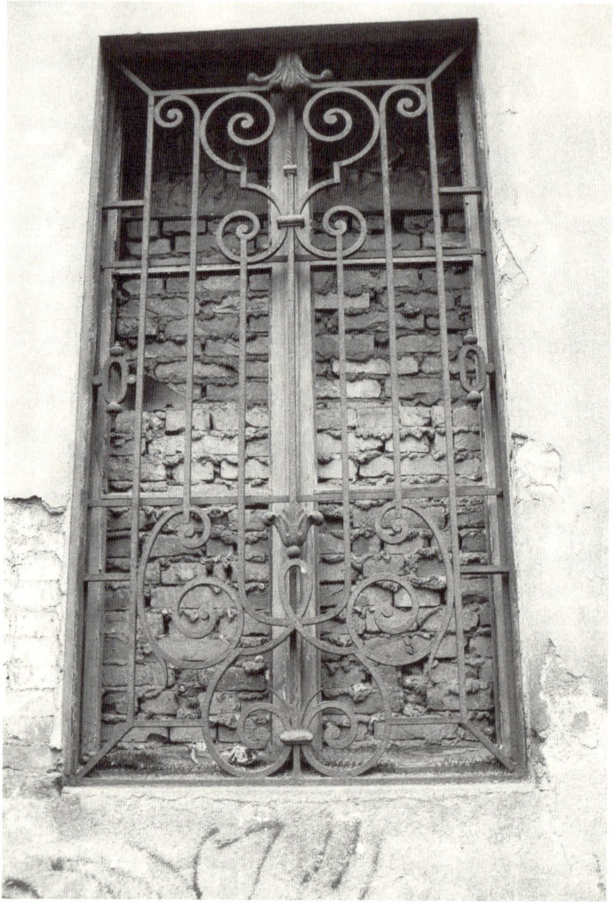

PINOT BIANCO 1956

oder
Wenn sich hinter einer
Weinflasche die Vergangenheit versteckt

Meine Grossmutter gehörte zu jenen Menschen, für die Wein eine Selbstverständlichkeit war. Ein Glas Wein zum Mittagessen war ebenso Standard wie der Parmesan auf den Tagliatelle – und entsprechend unspektakulär. Dass der Wein dabei aus einer Literflasche kam, die mein Grossvater anfangs Woche direkt in der Riunite Cooperative auffüllen liess, war ebenso normal, wie der Fernet Branca, den sie trank, nachdem sie eine Select Ultra light geraucht hatte.

Ein Jahr, bevor sie starb, wurde sie krank. Ihr Körper gab schneller nach als ihr Geist. Denn in gewohnter Manier dirigierte sie weiter den Tagesablauf der ganzen Verwandtschaft, die im Umkreis von zehn Kilometern lebte. Alle gehorchten ihrem Kommando, was nicht immer nötig war, aber am Ende des Tages Sinn machte. Zumindest für sie.

Niemand sprach über den Tod. Also ob man ihn durch Totschweigen fernhalten könnte. Auch ich wusste nicht, was ich sagen sollte. Sie schon.

«Du musst keine Angst haben. Wir müssen alle einmal gehen. Wie ein Wein, haben auch wir eine Lebensdauer.»

Das ist doch nicht dasselbe, wollte ich sagen.

«Stell dir vor, du würdest deine Weine nie trinken.»

«Nein, nein, nein», dachte ich, ohne den Blick aus ihrem müden Gesicht zu nehmen. «Dieser Vergleich stimmt nicht.»

«Komm», rief sie, «ich will Dir etwas zeigen.»

Sie griff nach meiner Hand und meinte, ich solle in die Vorratskammer gehen, oberstes Gestell, rechts hinten – da stehe eine Flasche. Ich stieg auf die Leiter und suchte den Wein hinter Olivenölflaschen, rund dreissig Pelati- und Thon-Büchsen, etwa zwanzig Pack Spaghetti und Capelletti-Portionen, ganz zu schweigen von den diversen Kaffeedosen.

Diese Vorräte reichen ja für die nächsten fünf Jahre, dachte ich, und bevor ich mir weiter über das Einkaufsverhalten meiner Grosseltern Gedanken machen konnte, sah ich eine antiquiert wirkende Flasche, auf deren Etikett das Jahr 1956 zu lesen war. Als ich danach griff, fiel ein Brief herunter, der zwischen Wand und Flasche eingeklemmt gewesen war. Auf dem Couvert war der Name meiner Grossmutter zu lesen. Das Datum war verschmiert, aber man konnte sehen, dass der Brief älter war als ich. Viel älter.

Ich musste an den Zweiten Weltkrieg denken, an jene Zeit, über die nie jemand gesprochen hatte, weder mein Grossvater noch meine Grossmutter. Sie lebten damals in Äthiopien, in Mussolinis Kolonie, als der Krieg ausbrach. Sie erzählten auch nur wenig über das Leben, das sie dort führten – zusammen mit meiner Mutter, die 1940 dort geboren wurde.

«Hast du sie gefunden?», hörte ich sie rufen. Diese Frau hatte ein Zeitgefühl! Sie wusste genau, wie lange etwas dauerte und dass jede Sekunde, die darüber hinaus verstrich, anzeigte, dass man mit etwas anderem beschäftigt war. Oder es zeigte ihr, dass sie etwas nicht mehr unter Kontrolle hatte – eine schreckliche Vorstellung.

«*Si, arrivo Nonna*», antwortete ich, etwas unsicher, ob ich nur die Flasche oder auch den Brief mitbringen sollte. Ich brachte beides, zeigte aber zuerst nur die Flasche.

«Mach sie auf!»

«Aber das kann man doch gar nicht mehr trinken. Du kannst schon durch das grüne Flaschenglas sehen, dass der Wein braun, also kaputt ist.»

«Siehst du, dieser Wein ist gestorben, ohne dass er je gelebt hat. Nur weil ich Angst hatte, ihn zu verlieren», sagte sie triumphierend und froh, mir wieder ein Stück ihrer Logik näher gebracht zu haben.

Ich schwieg, obwohl mir einige Fragen durch den Kopf rasten. Wieso denn? Wer gab dir diesen ... Wein? Was war 1956? Wieso war die Flasche versteckt? Weiss der Nonno etwas?

Ich sagte stattdessen: «Schau, was ich gefunden habe», und streckte ihr den Brief hin. Sie verstummte, nahm den Brief und hielt ihn fest. Sie schwieg.

Kurz bevor sie starb, fragte sie mich, wohin meine nächste Weinreise gehe. Ich wusste es nicht.

«Nonna, ich will nicht, dass du gehst», brachte ich hervor.

«Mein Kind, eine Erinnerung kann dir niemand nehmen, die Hülle schon.»

Ich musste an den Wein denken, der zu spät geöffnet worden war und die Zeilen, die zu oft gelesen worden sind. Ihre Geheimnisse. Ich habe nie erfahren, von wem Wein und Brief waren. Ich werde allerdings nie vergessen, dass eine Weinflasche Versteck ihrer Vergangenheit war – und ein Rebberg der Garten ihres neuen Zuhauses.

In der Nacht vor ihrem Tod gab sie mir den Brief und sagte: «Ich werde immer da sein!»

Ich habe den Brief nie gelesen.

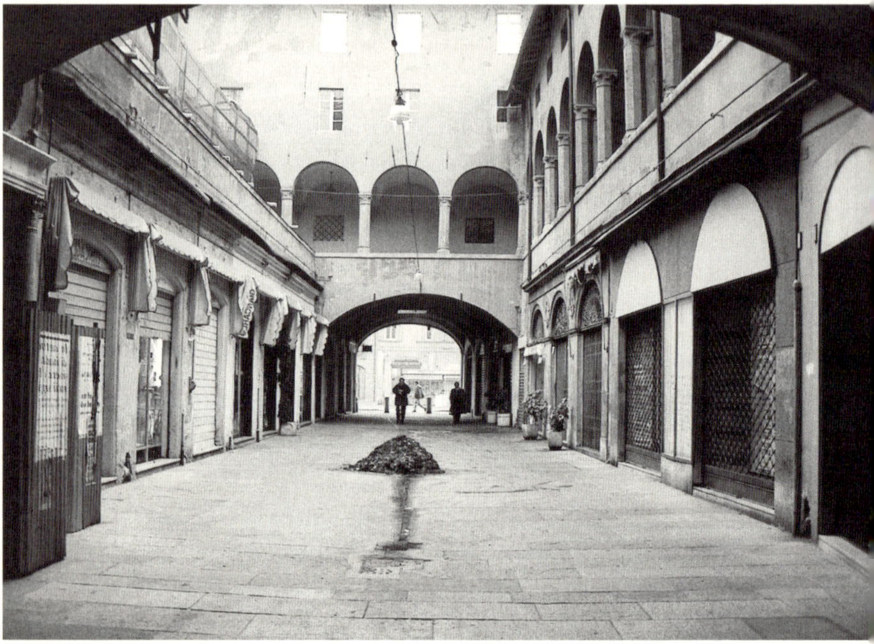

SHERRY TIO PEPE

oder
Wenn Sherry himmlische Gedanken weckt

Eine Einladung des Sherryhauses Tio Pepe brachte mich in den Süden Spaniens, genauer gesagt nach Jerez – der Heimat des Sherrys. Es war die Zeit der Grande Fiesta und Stadt wie Bewohner waren herausgeputzt. Eine Augenweide waren vor allem die unverheirateten Spanierinnen, die, meist im Schlepptau ihrer Eltern, edles Tuch am Körper und exotische Blumenpracht in den Haaren vorführten.

Das jährliche Fest war offiziell das Erntedankfest zu Ehren des Sherrys und inoffiziell eine der grössten Brautschauen der Region.

Auf einem riesengrossen Areal inmitten der Stadt reihten sich Dutzende von kleinen Casetas – kleinen Baracken – in denen Sherry ausgeschenkt, Paëlla gekocht, Tonnen von Tapas verzehrt und vor allem eins – Tango getanzt wurde. Und je näher der Morgen rückte, desto bunter trieben es die ohnehin bunten Spanier und Spanierinnen. Die Gruppe, in der ich mich bewegte, sollte dabei keine Ausnahme machen.

Ausser zwei anderen Schweizern kannte ich niemanden, wobei mir die beiden lebenslustigen Italiener, die auch bei uns waren, sofort sympathisch waren; der eine dick wie Bud Spencer und ebenso prominent in seinen Bewegungen, der andere schmächtig wie eine Forelle.

Als wir die *VIP Caseta* des Hauses Tio Pepe betraten, setzte ich mich neben sie, und bevor wir uns genauer über die Güte eines trockenen Sherrys unterhalten konnten, nahm ein Gitarrensolo die allgemeine Aufmerksamkeit in Anspruch.

«Sherry?», fragte der fülligere Italiener.

«*Si, grazie*», antwortete ich und streckte ihm mein leeres Glas hin.

Die Musik spielte, Tapas wurden gereicht und Sherry floss in rauen Mengen.

«Verkauft sich Sherry in Italien gut?», fragte ich.

«Das wissen wir nicht. Aber bei uns gehört er zum Standardangebot», antwortete der kleinere.

«Kommen sie denn nicht aus Italien?»

«Nicht ganz. Unser Zuhause ist der Vatikan.»

«Der Vatikan?»

«Ja, wir sind für die Weinbeschaffung zuständig.»

Oh – etwas sprachlos spülte ich eine frittierte Ölsardine mit eiskaltem Sherry hinunter.

Der Vatikan, dachte ich mir, ob da anders eingekauft wird, als für ein Hotel oder ein Lebensmittelgeschäft? Und wie viel trinken der Papst und seine Kardinäle und was sind ihre Lieblingsweine?

Ich sah schon die Headline: «Papst liebt Rosé» oder «Schweizer Garde trinkt täglich ein Glas Chasselas». Ganz zu schweigen von meiner Überlegung, ob dem heiligen Vater wohl bessere Preise gemacht wurden als dem Einkäufer von Marks & Spencer. Fragen schossen mir durch den Kopf, doch plötzlich unterbrach eine dieser bunten spanischen Töchter unser Gespräch. Sie packte den fülligen Einkäufer und zerrte ihn aufs Parkett. Die Musik stimmte zum Tango ein.

«Olé!», brüllte die angeheiterte Gesellschaft. Oh je, schoss es mir durch den Kopf, was jetzt wohl der Papst denken würde?

Und schon gings los. Sie umschlang seine formfrohen Hüften mit eisernem Griff, presste ihren Körper an den seinen und liess den Tanzrhythmus auf ihn wirken. Wie ein Schiff in Seenot dem Meer die Bewegungsrichtung überlassen muss, überliess er der gewandten Señorita die Führung. Und siehe da: Der schweissgebadete Einkäufer des heiligen Staates strahlte schon nach einigen Minuten übers ganze Gesicht und blieb auch auf dem Parkett, als die Musik zu Ende war. Ich weiss nicht mehr, wie viele Runden er tanzte, aber einmal war es mit einer Señorita im blauen Kleid, einmal mit einer im gelben, gefolgt von verschiedenen Rottönen und zuletzt noch mit der Dame des Hauses, die schwarzweiss bevorzugte.

Naja, Rom ist weit weg und die katholische Kirche bekannt für ihre Geheimnisse, doch bevor ich mich mit meinen Gedanken im Vatikan verirren konnte, stand die Forelle auf und forderte mich zum Tangotanzen auf.

«Oh … no, no! Ich kann nicht Tango tanzen. *Scusi!*»

«Ich auch nicht», lautete seine prompte Antwort.

«Und zuviel Sherry hatte ich auch.»

«Wunderbar. Die beste Voraussetzung.»

«Ja, aber …»

«Keine Ausrede. Sie sind in sicheren Händen.»

Heiligen, hätte ich fast ergänzt. Doch dazu kam ich nicht, denn innert Sekunden befand ich mich auf der Tanzfläche, in den Armen des schmächtigen Einkäufers und neben seinem mittlerweile geübten Kollegen.

«Olé», ertönte es aus unserer Caseta und ich wünschte mir, weit, weit weg zu sein, zu Hause, im Flugzeug oder noch betrunkener, als ich schon war. Auf jeden Fall weit weg von der Tanzfläche und unerreichbar für die Blicke der Sherry-Prominenz Spaniens und den Tanzeifer der Gottes-Mitarbeiter. Aber in sicheren Händen war ich schon, denn bereits nach wenigen Minuten schritten wir synchron und tanzten den einen oder anderen Klassiker.

Seither habe ich nie mehr Tango getanzt. Aber sollte ich einmal eines Tages in einen heiligen Weinkeller eingeladen werden, werde ich als Geschenk ganz sicher eine Tango-CD von Astor Piazzolla mitbringen.

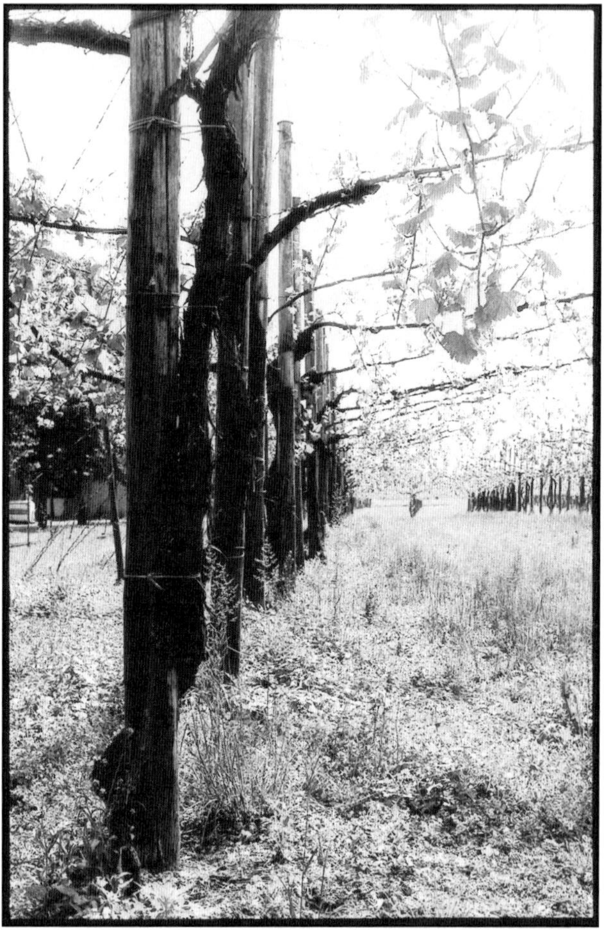

L'ESPRIT DU SIÈCLE

oder
Wenn man sich
mit dem «Streich des Jahrhunderts» ein Auto kaufen könnte

Das Millenniums-Neujahr, also der Jahreswechsel von 1999 zum Jahr 2000, hat so manchen unkreativen Geist angeregt, für diesen speziellen Moment etwas Aussergewöhnliches anzubieten. Wo man nur hinschaute, schienen sich die Angebote für Flüge rund um die Welt, Nachtessen in der Gondelbahn, Millenniums-Galas im Opernhaus zu Mozarts Zauberflöte oder für eine Manhattan Skyline-Party zu überbieten. Neben dem selben Datum – 31. Dezember – hatten sie vor allem eins gemeinsam: den satten Preis. Man erlebt ja schliesslich nur alle 1000 Jahre einen Millenniumswechsel, mögen sich die Veranstalter gedacht haben – ist das Röhren der Löwen im Zoo bei einem Glas Rotwein zum Jahrtausendwechsel nicht das doppelte Geld wert?

Millenniumswechsel ist auch Champagnerzeit. Das Angebot der Champagner-Produzenten war so vielfältig wie vergänglich und reichte von der speziellen Verpackung bis hin zur einmaligen Cuvée.

Das eindeutig teuerste und limitierteste Ergebnis kam aus dem Hause Moët & Chandon (heute Moët & Hennessy). Es handelte sich um 323 Magnum-Flaschen «Esprit du Siècle», einer Assemblage von elf der markantesten Jahrgänge des 20. Jahrhunderts. Ausgewählt wurden sie aufgrund ihrer «Qualität, Persönlichkeit und Vereinbarkeit», wie der Pressetext verriet. Bei den Jahrgängen handelte es sich um 1900, 1914, 1921, 1934, 1943, 1952, 1962, 1976, 1983, 1985 und 1995. Einmalig war nicht nur die Qualität dieses Champagners – was ich nach seiner Verkostung bestätigen kann –, sondern auch sein Preis. Die Rede ist von 20 000 Dollar, wobei nur eine limitierte Menge von 50 Stück auf den Markt kam – sagte jedenfalls der Pressetext.

Als ich von Moët & Chandon für die Verkostung dieser Wunderkreation eingeladen wurde, befand ich mich eigentlich auf dem Weg nach Italien zu einer Taufe. Da ich aber noch nie einen Wein getrunken hatte, dessen Wert derart ausserhalb der üblichen Preislagen angesiedelt ist, entschloss ich mich zum Umweg über Frankreich.

Moët & Chandon hatte das Ereignis mit viel Brimborium inszeniert, ein über die Jahrhunderte gepflegter Nationalstolz mag das seine dazu beigetragen haben. Man führte mich in den eigens für den Anlass gebauten Jahrhundert-Keller. Und dort gab es dann «Esprit du Siècle», Marktpreis rund 2500 Dollar die Flûte. Legen wir den Wert um: Schluckpreis, je nach Schluckgrösse, rund 400 Dollar. Nicht schlecht. Die exquisite Aromapalette reichte von Dörrfruchtmischungen und Weihnachtsgewürzen bis hin zu Karamell und Orangenkompott. Ich gestehe, es hat gemundet.

Aber wenn mich jemand fragen würde, wie ein 400-Dollar-Schluck zu schmecken habe oder inwieweit sich ein 400-Dollar-Schluck von dem aus einer Champagnerflasche für 40 Franken unterscheide, würde mir die Antwort fehlen.

Als ich schliesslich in Italien ankam, war die Taufe vorbei, aber der wesentlich spannendere Teil, *la grande mangiata* (das grosse Fressen), erst beim Vorspiel. Jung und alt, Familie und Freunde, weltliche und geistliche Gäste hielten sich an einem Glas Malvasia Spumante fest und versuchten möglichst unauffällig, so viele Antipasti wie nur möglich in sich hinein zu drücken. Mortadella-Würfelchen, Salame, Coppa, Prosciutto crudo und Parmigiano Reggiano lagen auf Tellern verteilt. Ich konzentrierte mich auf den flüssigen Aperitif und liess mich brav von sämtlichen Teilnehmern drei Mal auf die Wange küssen – wie das in Italien so üblich ist. Abgesehen davon, dass ich bei solchen Kussorgien an all die Mikroben denke, die von einer Wange auf die andere springen, wird mir immer ganz Sturm von all den Parfüms, die meiner Nase gefährlich nahe kommen.

«Soll ich euch eine Geschichte erzählen?», rief ich in der Hoffnung, dass wir über etwas anderes als den frisch getauften Luca sprechen würden. Und eh ich mich versah, sassen wir alle um den Tisch, und ich schilderte mein taufrisches Erlebnis mit dem 400-Dollar-Schluck.

Die ganze Gesellschaft krümmte sich vor Lachen... «Die spinnen doch, diese Franzosen», schrie Silvano, Herr des Hauses.

«20 000 Dollar, dafür kaufe ich mir ein Auto. Das neue aus der Werbung mit den fünf Türen», brachte seine Schwester Silvana ein. Und dann ging's los!

«Was heisst schon Auto? Ich könnte mir eine neue Küche kaufen, inklusive neuer Pfannen und Mikrowelle», protestierte Bruna, die Frau Silvanos.

«Aber Deine ist doch gut genug. Das Essen schmeckt jedenfalls wunderbar, nicht? Nein, nein, wir würden einen von diesen neuen, grossen Fernsehern kaufen. Weißt du, die richtig grossen mit den flachen Bildschirmen», entgegnete ihr Mann.

«Also ich würde eine Weltreise buchen. In die Malediven, nach China und Bali. Natürlich nur mit einem sexy Reiseleiter. Oder vielleicht ein Lifting», war der Beitrag eines mir unbekannten weiblichen Gastes. Der Pfarrer verdrehte die Augen und konzentrierte sich auf den Teller Pasta.

«Was würden Sie denn kaufen», wollte ich von ihm wissen.

«Ich? Sie meinen die Kirche?», antwortete er, den Blick von seinem halbleeren Teller nehmend.

«Du oder die Kirche, dass ist doch dasselbe. Du bist ja der Einzige hier im Dorf», stellte Silvano klar.

Was würde jetzt kommen? Eine neue Orgel, ein neues Beleuchtungssystem für den Altar, ein paar neue Esel aus Terrakotta für die Weihnachtskrippe oder ein neuer Kirchturm, zumal der jetzige seit dem letzten *terremoto* einen Sprung hatte?

Gespannte Stille.

«Also ich würde den Wein kaufen», brachte er schliesslich hervor.

«Was?!» Alles schrie auf.

«Spinnst du», protestierte Silvano, und bevor der geistliche Gast seinen Vorschlag für die geistigen Wässer hätte rechtfertigen oder gar erklären können, wurde er von weltlicher Logik und Materialistik eingedeckt. Und zwar kräftig. Es entstand ein solches Geschrei, dass Luca in seiner Wiege zu weinen begann und sich so die allgemeine Aufmerksamkeit zurückeroberte. Und zwar für den Rest des Abends. Wir assen die Köstlichkeiten, die Bruna in ihrer «alten Küche» zubereitet hatte, restlos auf und liessen das Taufessen mit ein paar Noccinis ausklingen.

Auf meiner Heimreise musste ich daran denken, was wohl die Franzosen zu unserer Diskussion gesagt hätten. Wahrscheinlich gar nichts. Oder: Banausen. Sicher bin ich mir hingegen, dass Luca eines Tages von einem seiner älteren Verwandten die Geschichte mit der 20 000-Dollar-Flasche erzählt bekommen würde. Ganz im Sinne des Esprit du Vin.

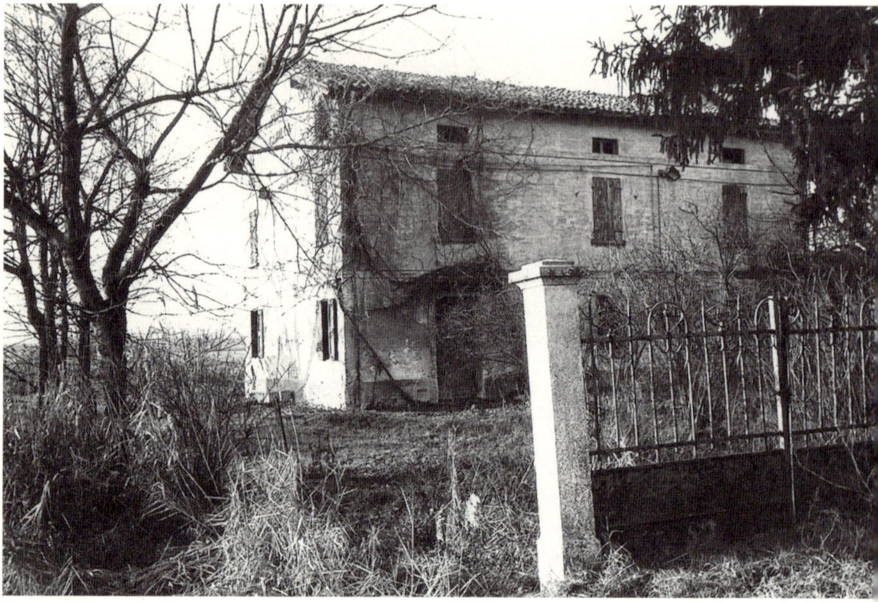

PULIGNY-MONTRACHET 1998, DOMAINE LEFLAIVE

oder
Wie ein Burgunder nach Reggio Emilia kam

Schwalben flogen im Tiefflug über die Piazza San Prospero und kreischten in voller Lautstärke, während ich auf dem Weg in ein neu entdecktes Restaurant war. Ein Weinlokal unweit der Piazza. Geführt von jungen Italienern, deren Mütter in der Küche nach dem Rechten sorgen.

«*Per una persona?*», wurde ich gefragt.

«*Si, grazie*», antwortete ich und bat darum, draussen zu sitzen. Es war halb neun Uhr abends und die Temperatur bei 28 Grad. Man setzte mich an einen der kleinen Tische unter dem Torbogen und brachte unverzüglich Wasser, Menü- und Weinkarte. Letztere begann ich gespannt zu studieren. Ähnlich wie ein Antiquitätenhändler früh morgens den Flohmarkt durchstöbert, in der Hoffnung, einen Picasso zu finden, suche ich in Weinkarten nach unterschätzten Weinen oder Schnäppchen. Das könnte zum Beispiel ein Gaja unter 100 Franken sein oder ein Ornellaia, ach, was soll ich sagen, also je nach Jahrgang unter 90 Franken. Beides war auf dieser Karte.

Doch dann sah ich einen 98er Puligny-Montrachet der Domaine Leflaive. Für sage und schreibe 30 Euro. Wie bitte?, dachte ich. Das kann doch nicht wahr sein.

Die Flasche wurde bestellt und gleich eine zweite fürs Gepäck. Dieser Wein kostete bereits ab Gut weitaus mehr, aber Italiener waren ja bekannt für ihre Tricks und «Connections». Ich schien die Einzige zu sein, die an diesem Abend französischen

Chardonnay trank. Der Wein war verführerisch wie der Sonnenuntergang und geschmeidig wie ein reifer Taleggio. Nora Jones sang im Hintergrund und verlieh dem Augenblick die Magie ungelebter Träume.

Die Flasche war schon halb leer, da kam Giovanni zu mir. Er war der Inhaber, hatte die Weinkarte zusammengestellt und sah aus wie einer dieser wunderschönen Italienischen National-Fussballspieler, die in ihren Armani-Trikots an jeder WM den Wettbewerb zum «Mister calcio» gewinnen würden. Mit Abstand.

«*Tutto bene?*», wollte er wissen.

«*Perfetto, grazie*», antwortete ich. Und bevor ich ihn fragen konnte, wie er denn zu diesem Wein kam, stand schon die Mamma neben uns. Direkt aus der Küche.

«*Tutto bene, signora?*», wollte auch sie wissen. Ihr Name war Bruna.

«*Perfetto, grazie*», antwortete ich erneut mit spezieller Betonung auf die ausserordentliche Küche.

«Das hat der Franzose auch gesagt, von dem wir diesen Wein haben», sagte Signora Bruna strahlend.

«Ja?»

Sie schätzte mein Interesse richtig ein, nahm einen Stuhl und setzte sich zu mir.

«Also, vor einem halben Jahr sass genau an diesem Tisch ein junger Mann. Ein Franzose aus Paris. Ich selber war noch nie in Paris, kenne die Stadt aber aus dem Fernsehen und Postkarten, die mir Giovanni geschickt hat. Wissen Sie, *l'amore* oder wie die Franzosen sagen *l'amour!* Aber jetzt ist er zum Glück wieder hier. Aber wo war ich stehengeblieben? Ach ja, der Franzose. Er kam hierher, weil er gehört hatte, dass die Küche in der Emilia Romagna grossartig sei.»

Ich nickte innerlich und sah vor mir die Berge Tortelli, Capeletti, Prosciutto, Erbazzone und Zabaglione, die ich seit meiner

Ankunft vor drei Tagen bereits verzehrt hatte. Sie sprach ungestört weiter: «Und er wollte in Paris ein italienisches Restaurant eröffnen.»

Wer will das nicht?, dachte ich mir und bot ihr vom viel zu günstigen 98er Puligny-Montrachet an.

«*Non merci*. Ich trinke keinen Wein. Schmeckt mir nicht. Höchstens an Neujahr ein Glas Martini Spumante.»

«Der Franzose wollte also ein Restaurant eröffnen», führte ich Bruna wieder auf ihren Gedanken zurück.

«Ja. Und er war nach Reggio Emilia gekommen, um die besten Rezepte zu essen und sie dann in Paris zu kochen.»

«Aha!», brachte ich hervor, und während ich erneut einen Schluck trank und feststellte, dass dieser Wein nicht nur zu Nora Jones betörend schmeckte, holte sie zur Pointe aus: «Da habe ich ihn gleich in die Küche mitgenommen und ihm gesagt: ‹Wenn er die besten Rezepte kennenlernen wolle, könne ich ihm das zeigen.› … Er blieb eine ganze Woche und wir kochten Tag und Nacht.»

«Nein?», staunte ich.

«Doch», triumphierte die Signora. «Besonders gefallen hat ihm das ‹Kaninchen à la Bruna›, wie er es nannte.»

Sie erklärte mir die Zubereitung in voller Euphorie:

Zutaten (abends alles in eine Schüssel geben und über Nacht im Kühlschrank ruhen lassen):

Ganzes Kaninchen (in Stücke geschnitten)
Frischer Rosmarin
1 Knoblauchzehe
Olivenöl
Pfeffer

Zubereitung:
    Kaninchen anbraten
    Etwa 2dl Weisswein dazugeben, bis er verdampft ist (Pinot Grigio habe sie am liebsten)
    1–2 Zwiebeln, etwas Sellerie und 2 Karotten in kleine Würfel schneiden und auf das brutzelnde Kaninchen geben.
    Wenn möglich noch 1-2 Scheiben Pancetta dazugeben.
    Das Ganze mit Wasser zudecken (ca. 1-2 dl) und neben einen Bouillonwürfel noch eine Büchse Pelati dazugeben.

«Das wärs!», sagte sie happy. «Jetzt müssen sie das Ganze nur noch bei kleinem Feuer einkochen lassen, bis die Beilagen zu einem feinen Sugo eingekocht sind. *Capito*?», fragte sie mich.

«*Si signora, capito.*»

Aber was mochte das alles mit diesem Spitzenwein aus dem Hause Leflaive zu tun haben? Als ob sie meine Gedanken gelesen hätte, sagte sie: «Wir haben nie mehr etwas von diesem Franzosen gehört, auch nicht, ob er sein Restaurant geöffnet hat oder nicht. Aber kurz nach seiner Abreise trafen bei uns 60 Flaschen dieses Weins ein. Aber wissen Sie, die Leute hier trinken am liebsten italienische Weine. Nicht dass der französische nicht gut wäre, aber Sie wissen ja, wie das ist. So, jetzt muss ich aber wieder in die Küche», sagte sie und stand auf.

«Möchten Sie noch ein Dessert?», fragte sie bereits auf dem Weg in ihre heiligen Hallen.

Ich habe das Restaurant in Paris noch nicht gesucht. Und im Grunde will ich es auch nicht, denn ich kann mir kaum vorstellen, dass in der Metropole von Ducasse und Michelin die Gerichte der Signora Bruna gleich gut schmecken.

Obschon – der 98er Puligny-Montrachet der Domaine Leflaive hat auch in Reggio Emilia – Hochburg des Lambruscos – vorzüglich gemundet.

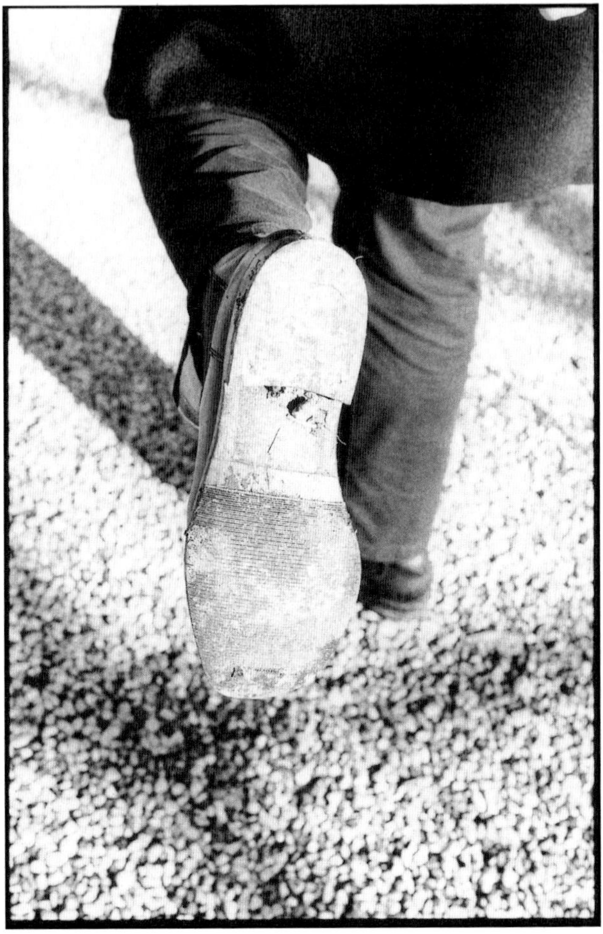

CHAMPAGNER 1995 GRAND ANNÉE VON BOLLINGER

oder
Wenn eine Flasche aus dem Grand Hotel entführt wird

Der Besuch des Filmfestivals in Locarno war früher eines meiner ersten Rituale im Jahresablauf. Auch heute noch verbringe ich dort jeweils eine knappe Woche, um einerseits ein alljährlich erscheinendes Weinbuch zu beenden und mir andererseits den einen oder anderen Film anzusehen. Denn ich liebe das Kino und die Wirkung, die es auf mich hat.

In Sachen Rausch gebe ich einem guten Film wie einem guten Wein eine *carte blanche*. Und diesbezüglich wird man in Locarno in der einen oder anderen Weise gut bedient, entweder auf den bis in die Morgenstunden dauernden Partys im Grandhotel, oder durch die zahlreichen Filme aus allen Erdteilen.

Zudem bringe ich immer einen kleinen Weinvorrat aus meinem Keller mit. Geleert wird er auf dem kleinen Balkon meines Zimmers 107, und dabei helfen mir Journalisten und Filmleute aus aller Welt, die den kleineren Rahmen – und eventuell auch den besseren Wein – bevorzugen. Die kleine Minibar von 107 wird jeweils am Ankunftstag umgeräumt. Coca Cola und San Pelegrino weichen Prosecco, Chablis und – einmal auch einer Flasche 95er Grand Année von Bollinger, dem damaligen James-Bond-Champagner.

Ich hatte sie nicht mitgebracht, weil ich einen 007-Apéro plante, sondern weil ich im Auftrag einer Wochenzeitung darüber schreiben sollte. Der neue Bond-Film bildete den Anlass, die Trinkgewohnheiten von James Bond beziehungsweise die Preisentwicklung seiner Weinwahl zu verfolgen. Das geht natürlich nicht ohne aktuellen Bezug, daher musste die Flasche mit.

Ich legte sie morgens in die Minibar, um nach zwei Wettbewerbsfilmen auch ihren gekühlten Inhalt abzuhandeln. Als ich jedoch nach ein paar Stunden zurückkam, war die Flasche aus der Minibar verschwunden und ich in einer peinlichen Situation.

Was tun? Sollte ich mich bei der Rezeption beklagen, das Hausmädchen ausfindig machen oder nach einem geheimen Personal-Apéro Ausschau halten?

Ich durchsuchte alle Lebensmittelgeschäfte und Weinhandlungen Locarnos nach einer Flasche 95er Grand Année von Bollinger, ganz im Dienste des bevorstehenden Redaktionsschlusses. Als ich auch in Ascona keine Flasche fand, kehrte ich ins Grandhotel zurück, fest entschlossen, auch ohne den prickelnden Effekt des Bollingers zu schreiben.

Während ich den Computer startete, öffnete ich erneut die Türe zum Tatort, und was sehe ich? Meine 95er Bollinger war wieder drin – eisgekühlt. Nein, das glaub ich ja nicht, schoss es mir durch den Kopf. Spinne ich, oder war ich im falschen Film beziehungsweise Zimmer?

Kurz und gut: die Flasche Bollinger wurde im Nu entkorkt und nach dem zweiten Schluck liess ich die unerklärliche Reise der Grand Année hinter mir und widmete mich James Bond.

Bei Bond schäumt's mit Jahrgang

Eine ungesunde Leber kann auch Vorteile haben. Dass wird auf jeden Fall im neuen Bond-Abenteuer «Die Another Day» bewusst. Ganz abgesehen davon, dass Bonds Leber bereits in «Thunderball» Erschöpfungsanzeichen erkennen liess. Denn damals wurde 007 zwecks Rehabilitation auf Anordnung von M in eine Klinik nach Shrublands geschickt. M meinte besorgt: «Sie konsumieren zu viel Alkohol, zu viel Fett und zu viel weisses Brot». Bonds Antwort: «So viel weisses Brot esse ich nun auch wieder nicht.» Dafür Wodka und Dom Pérignon Jahrgang 1955. Den gleichen Jahrgangschampagner, den er auch in «Dr. No» schlürfte. Kostenpunkt heute: 700 Franken pro Flasche.

Etwas günstiger kann man den nächsten Champagnerauftritt nachstellen. Denn in «On her majesty's secret service» kommt ein 57er Dom Pérignon zum Zug. Sein Marktpreis liegt heute bei rund 550 Franken. Nimmt man allerdings auch noch die Flasche Château Haut-Brion 1957 dazu, muss man laut Schätzungen von Sotheby's London weitere 250 bis 300 Franken auf den Tisch legen.

Während Champagner und Wodka immer einen breiten Raum unter Bonds Gewohnheiten einnehmen, ist «stiller» Wein deutlich seltener anzutreffen. In «From Russia with Love» ist von Chianti die Rede, in «Diamonds are forever» gibts einen 55er Château Mouton-Rothschild, der heute an Auktionen mit einem Schätzpreis von 800 bis 1300 Franken gehandelt wird, und in «The Man with the Golden Gun» lässt sich Bond einen thailändischen Wein Namens «Phuyuck» einschenken. Im selben Abenteuer trinkt er übrigens einen 64er Dom Pérignon (Fr. 450.–), obschon er lieber einen 62er (Fr. 500.–) gehabt hätte.

Bond blieb nicht nur einer Wodka-Marke treu, er wechselte auch punkto schäumendem Genuss das Label. Neben der Edelmarke aus dem Hause LVMH Wines & Spirits trumpft in den jüngeren Filmen Bollinger mehr und mehr auf. Einerseits die R. D.(recemente degorgée)-Abfüllungen, andererseits die Grande Année Cuvées.

Unvergesslich der Auftritt des 75er R.D. in «A View to a Kill» im Pariser Restaurant «Jules Verne», hoch oben auf dem Eiffelturm. Diesen Monat wurden übrigens sieben dieser Flaschen von Sotheby's in New York auf der Basis eines Schätzpreises von 800 bis 1100 Dollar versteigert.

An derselben Auktion gabs übrigens auch ein Dutzend Flaschen 59er Château Lafite Rothschild, der Wein, den Roger Moore ebenfalls im 1985 erschienenen Abenteuer genoss. Heutiger Schätzpreis für 12 Flaschen: 10 000 bis 15 000 Dollar. Trotz Leberproblemen geniesst Pierce

Brosnan in «Die another Day» gleich zwei verschiedene Bollinger-Abfüllungen. Die Grand Année 1995 und einen R.D. 1961, der laut Bollinger's Verkaufsabteilung einen Marktpreis von 900 bis 1000 Euro haben dürfte.

Etwas unkomplizierter, wenn auch nicht ganz jahrgangstreu kann man sich den Bond-Genuss gestalten, wenn man die aktuellen Champagner-Jahrgänge im Handel kauft. Für eine Flasche 95er Dom Pérignon muss man ungefähr 135 Franken bezahlen und für einen 95er Grand Année von Bollinger 95 Franken. Nicht vergessen: dieses Getränk bitte weder schütteln noch rühren.

... und nicht aus den Augen zu lassen, schon gar nicht in einer Hotelminibar, 107 lässt grüssen, dachte ich, während der Artikel via E-Mail nach Zürich gebeamt und Bonds jüngster Champagner ungehemmt gekillt wurde. Bis zum letzten Tropfen, denn: «Tomorrow is another bottle.»

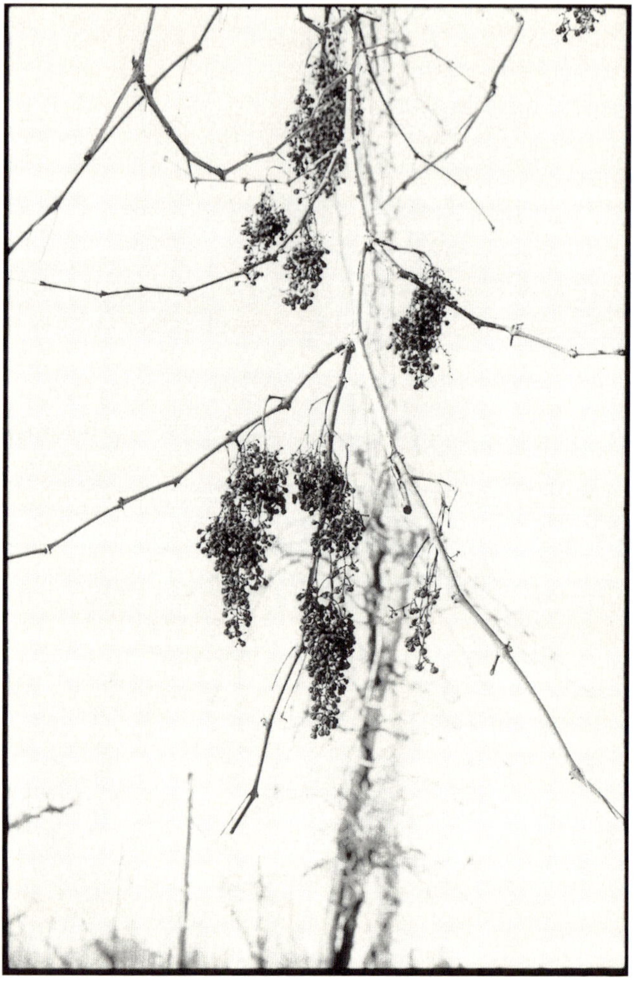

CHÂTEAU D'YQUEM 1990

oder
Warum man zwischendurch besser seine Meinung sagt

«*Fuori! Silenzio!*», schrie eine Stimme aus dem ersten Rang des vollbesetzten Opernhauses Teatro Municipale Romolo Valli – kurz Valli genannt – in Reggio Emilia.

«Bhuuuuuu...! *Fuori!*, Bhuuuuuuu!»

Gespielt wurde Rigoletto von Verdi und ich versuchte mich trotz der passionierten Kritik eines Besuchers auf die Oper zu konzentrieren. Doch es gelang mir so wenig wie dem armen Sänger, denn kaum nahm er seinen Part wieder auf, löste das erneute Buhrufe aus. Zugegeben, ich hatte schon Besseres gehört, aber die «Ich mache mit»-Mentalität des Publikums führte dazu, dass ich mir wie in einer TV-Show à la «Corrida di Corrado» vorkam und der Sänger die Noten immer weniger gut traf. Die Oper ging wie jede Oper dramatisch zu Ende, allerdings auch mit speziell spürbaren Elementen, die man sonst nur aus der Erlebnisgastronomie kennt.

Nach dem Opernbesuch gehe ich regelmässig ins nahe gelegene «Al Pozzo» essen, zusammen mit all jenen Opernbesuchern, die sich rechtzeitig einen Tisch reserviert haben. Der Rigoletto-Abend sollte dabei keine Ausnahme sein. Und während man mir als Antipasto einen Teller mit hauchdünnem Prosciutto di Parma servierte und ich meinen Gaumen mit dem trockenen Lambrusco avinierte, hallte ein mir vertrautes «Bhuuuu!» durch das Restaurant. Es folgte ein Gelächter und ein Geschrei à la italianità.

Das sind diese unvergesslichen Momente, wenn alle gleichzeitig sprechen und zudem meist noch der Fernseher läuft, in einer Lautstärke, die vermuten lässt, sämtliche Italiener seien taub oder hätten zumindest einen Hörschaden.

«Che vergonia», «Verdi», «Direzione», «Bravo», «No», «Finito», waren Stichworte, die mein Ohr dechiffrieren konnte. Und nach 25 weiteren Begriffen war mir klar, dass unweit von meinem Tisch der ominöse Buhrufer sass – zusammen mit seiner Frau und zwei weiteren Paaren.

Ich musste an meinen Grossvater und seine Liebe zur Oper denken. Kaum hörte er nämlich ein von Verdi komponiertes Stück – sei es eine Arie oder eine Choreinlage –, wurden seine Augen glänzend und er begann zu weinen. «*L'Emozione*», sagte er jeweils. «Diese Musik geht direkt in die Seele und dort sitzen auch meine Tränen.»

Seine «Opernemotionalität» ging sogar so weit, dass er bei Auto- und Ferien-Werbespots zu weinen begann, die als Hintergrundmusik Nabuccos Gefangenenchor verwendeten. Ob er heute Abend auch geweint hätte? Wahrscheinlich schon, denn ebenso wie es für ihn keine Rolle spielte, welche Mannschaft in einem Fussballspiel das Tor schoss – Hauptsache, sie schossen einfach welche – so wenig hätte er sich über diesen Sänger aufgeregt.

Ganz anders der Tisch mit den drei Paaren, die sich noch bis zum Dessert über die misslungene Aufführung abwechselnd ärgerten oder amüsierten, bis plötzlich eine Wende eintrat beziehungsweise ein französischer Wein auf den Tisch kam. Sie hatten sich einen Château d'Yquem 1990 bestellt, und während der Kellner sechs Gläser auffüllte, ging das Licht aus und aus der Stereoanlage wurde eine Arie aus Verdis Aida gespielt – in voller Lautstärke.

«Happy Birthday, Amore», sagte der Buhrufer seiner Frau, die bereits Verdi und ihren Emotionen erlegen war beziehungsweise das Weinen nicht verhindern konnte – wie übrigens das halbe Restaurant, inklusive mir. Und während ich meinen Gefühlen freien Lauf liess, verstand ich plötzlich, was es damit auf sich hat, wenn jemand einen Wein für einen speziellen Moment aufheben oder nur zu einem besonderen Anlass trinken will.

Winston, der Vater einer Bekannten, hatte beispielsweise anlässlich seiner Pensionierung neun Flaschen Château d'Yquem 1967 erhalten. Für ihn war klar, dass er sie nur, aber wirklich nur zu ganz speziellen Ereignissen trinken würde – und zwar jede einzelne Flasche. Er liess auch keine Gelegenheit aus, seine Familie damit zu tyrannisieren, ihm endlich einen speziellen Anlass zu organisieren, damit er eine der raren Flaschen öffnen könne. Natürlich sahen seine Familienmitglieder nie, aber auch wirklich nie eine offene Flasche, bis die Tochter des Hauses das Fass zum Überlaufen beziehungsweise die Yquem-Korken dem Korkenzieher näher brachte.

«Wann trinken wir endlich einen Château d'Yquem», wollte sie eines Abends, Jahre nach der Pensionierung, wissen.

«Nach meinem Tod», war Winstons Antwort.

«In dem Fall wünschen wir uns, dass Du bald stirbst», konterte die Tochter, die wahrscheinlich mehr an das Ende dieser önologischen Warterei dachte als an dasjenige ihres Vaters.

Natürlich starb Winston nicht am nächsten Tag, aber immerhin veranlasste ihn die doch sehr spontane Antwort seines Nachwuchses seine Haltung zu überdenken und in den nächsten Monaten zwei Flaschen zu öffnen. Als er starb, fand man im Weinkeller jedoch nur noch drei dieses 67er Sauternes. Wann er die restlichen Flaschen genossen hatte beziehungsweise zu welchen Gelegenheiten, fand seine Familie bis heute nicht heraus. Aber recht hatte er; es waren schliesslich seine Anlässe, und es war auch seine Sache, wann ihm seine Anlässe wichtig genug für eine Flasche waren.

Und während ich an Winston und seine Geheimnisse dachte und Aida für einmal nicht nur im Opernhaus gespielt wurde, war ich glücklich, in einer Region zu sein, in der ein Schinken zum

Mythos werden kann, Giuseppe Verdi und Arturo Toscanini aufgewachsen sind und Niccolo Paganini begraben liegt.

Am nächsten Tag kaufte ich mir die «Gazetta di Reggio», um etwas mehr über die Rigoletto-Aufführung und ihr schwarzes Schaf zu erfahren. Stattdessen konnte ich nachlesen, dass das Opernhaus Valli in den Sechzigerjahren einen exzellenten Ruf genoss und dafür bekannt war, dass hier die besten Sänger «debütierten». Denn offensichtlich wurde an die Scala nach Mailand erst zugelassen, wer in Reggio bestanden hatte – ohne Buhrufe zu provozieren. Die Zeiten mögen sich wohl geändert haben, aber das Qualitätsbewusstsein der Emilianer nicht – besonders wenn's ums Essen und die Oper geht.

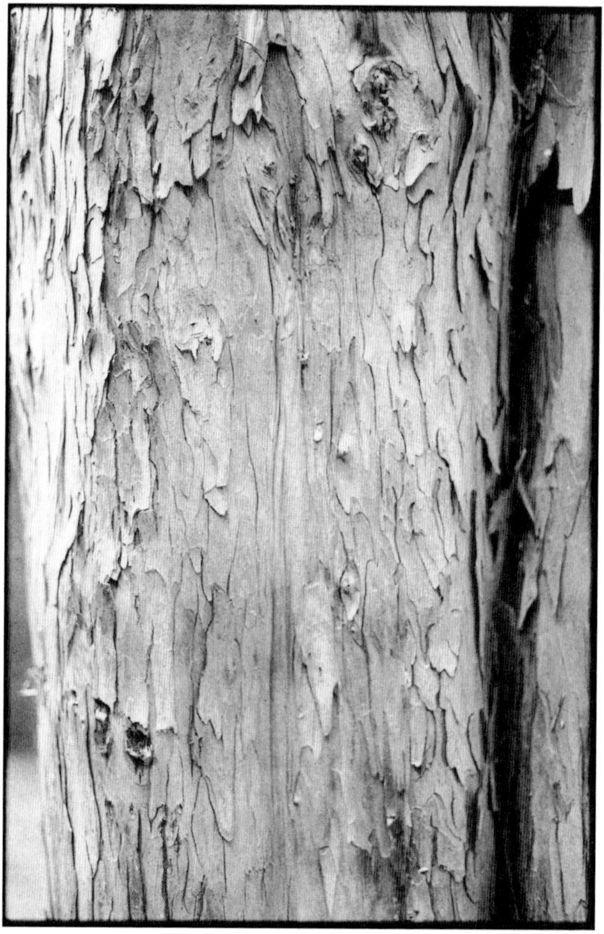

PELAVERGA 2000, CASTELLO DI VERDUNO

oder
Warum Wein Spontanität in seiner Seele trägt

In der Ferne hört man die Hunde der Nachbarschaft. Ansonsten ist es ruhig und friedlich. So friedlich, dass man vergisst, nur knapp eine Stunde von Mailand oder Genua entfernt zu sein. Das Castello di Verduno liegt im Herzen des Piemont bei Alba und ist von Zürich aus im Auto in nur viereinhalb Stunden erreichbar – sofern kein Stau am Gotthard oder in Mailand dazwischen kommt. Es liegt auf der Spitze eines der zahlreichen piemontesischen Hügel und wird von sorgfältig gepflegten Weinbergen umzäunt. Genauer gesagt von Nebbiolo- und Pelaverga-Reben ...

Pelaverga-Wein gibt es interessanterweise nur in Verduno, und das war Grund genug für eine Reportage über diesen Ort. Geplant war ein zweitägiger Aufenthalt, der effizientes Arbeiten und Recherchieren vor Ort verlangte, doch wie es der Zufall will, ist daraus knapp eine Woche geworden.

Schon die Abfahrt aus Zürich deutete auf überraschende Wendungen. Denn als mich der Fotograf abholen kam, hatte ich im Büro bereits eine Flasche Prosecco mit einer Kollegin getrunken. Entsprechend spontan kam die Idee, zu dritt zu fahren und sie als Fotografen-Assistentin vorzuführen. Dass sie bis dato selber noch nie ein Foto gemacht hatte war – Prosecco sei Dank – Nebensache.

Nun gut. Sechs Stunden später und mit anderthalb Stunden Verspätung kamen wir gegen zehn Uhr nachts auf dem Castello an, wo wir mit einem herzlichen «*Benvenuti al Castello*» empfangen wurden, und zwar durch Gabriella Burlotto, einer der Schlossherrinnen. Zwei weitere sollten folgen. Ihre Schwestern. Denn auf Verduno hatten die drei Schwestern Burlotto das Sagen. Gabriella im Weinkeller, Lisetta im Hotel und Liliana in der Küche.

«Ihr müsst sicher hungrig sein. Kommt, wir sind alle in der Küche», sagte Gabriella, während sie uns ins Schloss führte.

Wir gingen an einer geräumigen, modernen Küche vorbei, hielten dort aber nicht. «Nein», erklärte Gabriella, «wir essen nicht hier. Heute ist das Ristorante zu. Wir gehen in unsere Privatküche, wo wir etwas Kleines zubereitet haben.»

Etwas Kleines, schoss es mir durch den Kopf, die Italiener können gar nicht etwas Kleines kochen.

Und genau so war es. Mein Vorurteil wurde auch an diesem Abend bestätigt, denn als wir in die Küche kamen, sassen rund ein Dutzend Burlotto-Familienmitglieder um den Tisch und warteten geduldig darauf, dass sie endlich essen konnten. Aufgedeckt waren an die zwei Dutzend verschiedene Schüsseln und Teller – vorzugsweise Fleisch, Fisch, Geflügel, Pasta.

«Sag jetzt ja nicht, dass ich Vegetarier bin», flüsterte mir der Fotograf zu, der selber kein Italienisch sprach. «Da muss ich jetzt durch!»

Glücklicherweise sprach auch die frischgebackene Fotoassistentin kein Italienisch, denn sonst hätte sie noch etwas über ihre Arbeit erzählen müssen. Dieser Part lag ganz bei mir und zwar bis alle Schüsseln leer waren, und am Ende war ich froh, dass dem Vegetarier noch nicht schlecht geworden war. Er hielt tapfer aus.

Nach reichlich Pelaverga, der die gebratenen, gekochten und gedämpften Köstlichkeiten perfekt ergänzte, wurden uns unsere Zimmer gezeigt. «Blau» hiess das meine – ich nahm's nicht persönlich – und «Rosa» das des Fotografen. Sie befanden sich im Gärtnerhaus und waren von oben bis unten voll mit prächtigen Wandmalereien aus dem 17. Jahrhundert drapiert. Die Assistentin wurde ihrem Status entsprechend in ein kleineres Zimmer in der Nähe einquartiert.

Bevor sie sich verabschiedete, weihte uns Gabriella noch in ein Schlossgeheimnis ein: «Wenn man etwas Glück hat, begegnet man während der Nacht dem Geist von König Albert, der laut Überlieferungen seine Seele auf Verduno gelassen hat. Man erzählt, der König Carlo Alberto von Savoyen habe dem Marktgrafen Carlo Tancredi Falletti, Herrn von Barolo, spasseshalber vorgeworfen, er hätte noch nie die Ehre gehabt, seinen weltberühmten Wein zu verkosten. Einige Tage später trafen zwanzig Karren mit Barolo beim König ein. Begeistert über das Geschenk erwarb dieser 1847 das blühende, mit Nebbiolo-Weinreben bebaute Landgut des Schlosses Verduno. Zu Beginn dieses Jahrhunderts wurde das Schloss an unsere Familie verkauft, die die Herstellungstradition des Hauses von Savoyen fortsetzt.»

Gabriellas Urgrossvater kaufte das um 1500 erbaute Anwesen für seine Familie und um Weinbau zu betreiben. In den Fünfzigerjahren wurden ein Restaurant und ein Hotel eröffnet, da damals zu wenig Geld vorhanden und der Unterhalt des Anwesens beträchtlich war. Das war eine Entscheidung, die den Werdegang der drei Burlotto-Schwestern vorausbestimmte. Denn obschon sie damals noch Kinder waren, begannen sie sich für ganz konkrete Arbeitsbereiche zu interessieren. Und so ist es bis heute geblieben, und zum Glück setzt sich diese Tradition fort. Denn Alessandra Burlotto, Tochter von Lisetta, schien bei meinem ersten Besuch auf Verduno ebenfalls alle Geheimnisse der Küche und der Kräuter im Garten zu kennen.

Am nächsten Tag begann die Arbeit. Wir planten, Bericht und Fotos am Abend fertig zu haben, um bald wieder nach Hause zu reisen. Doch Gabriella machte uns einen Strich durch die Rechnung.

«*Domani!* Kommt gar nicht in Frage. Ihr bleibt ein paar Tage hier. Wie wollt ihr sonst wissen, wie schön es hier ist?», machte sie klar. Und manchmal weiss man instinktiv, wann eine Widerrede keinen Sinn hat.

Nach vier Tagen verabschiedeten wir uns. Wir hatten uns durch piemontesische Köstlichkeiten aller Art gegessen und darüber hinaus das Gefühl gehabt, echte Gastfreundschaft erlebt zu haben. Denn das Castello war nicht einfach nur ein wunderschönes Hotel, wo die Zeit zu Beginn des Jahrhunderts stehen geblieben schien, sondern die Burlotto-Schwestern nahmen uns auf, als wären wir Teil ihrer italienischen Grossfamilie. Jung und alt sass gemeinsam am Tisch. Auch wenn es unter den drei Generationen des Burlotto-Clans ab und zu zu Streitereien kam, waren diese doch so natürlich beendet wie das Brot beim Essen. Ich besuchte das Castello in den folgenden Jahren ab und zu und habe heute noch eine Flasche Pelaverga in meinem Keller. Leider gehört sie nicht mir, denn Gabriella gab sie mir für die Fotoassistentin mit.

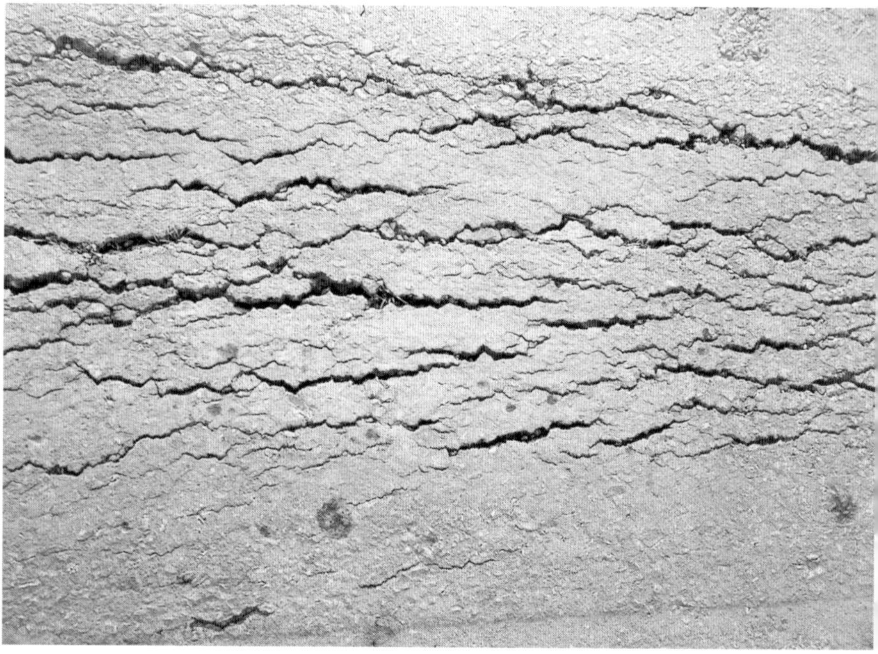

SASSICAIA 1997

oder
Warum man wartet,
bis sich das Steak vom Rost löst

«Möge dich dieser Wein inspirieren. Herzlich, Igor», stand auf dem Zettel, den ich in der Kiste Sassicaia 97 fand. Aussergewöhnlich daran war, dass er nicht mir galt, denn ich hatte die Kiste eine Woche zuvor bei einer Weinauktion ersteigert. Zu einem guten Preis und nicht aus Inspirationszwecken. Befremdet nagelte ich die Kiste wieder zu. Ich hatte ja an Weinauktionen schon den einen oder anderen ungeniessbaren Wein gekauft, den ich schweren Herzens ausschütten musste, aber noch nie war mir ein derart persönlich konnotierter Wein in den Keller gekommen. «Mit einem Zapfen kann ich leben, aber nicht mit Igor», schoss es mir durch den Kopf.

Doch der Sassicaia hatte auch sein Gutes, denn er erinnerte mich an eine meiner frühen Weinreisen. Sie führte mich ins Herz der Toskana und des kultigen Weingenusses.

Der Auftrag für die Story kam von einer Weinzeitschrift, die Energie für diese Reise ins adlige Ungewissen von meiner jugendlichen Begeisterungsfähigkeit.

Destination eins: Marchese Inchisa della Rochetta und sein Prestigewein Sassicaia. Ich liess die Alpen hinter mir sowie die Poebene und Florenz, wo ich eine Nacht übernachtete, um pünktlich um 11 Uhr morgens beim Marchese zu erscheinen. Ich overdressed und er im legeren «Tenu di campagnia».

Genau so verlief auch unser Gespräch, zumindest während den ersten fünf Minuten. Ich folgte fachlich der Weinetikette, er bemühte sich darum, über alles andere als Wein zu sprechen. Denn je weniger wir Wein zum Thema machten, umso lebendiger wurde sein Gesicht. Insistieren hatte keinen Sinn und so befand ich mich innert Kürze in der Welt der Medicis, der Rennpferde sowie der Gartenarchitektur, bis plötzlich das Telefon klingelte. Der Marchese schaute mich fragend an und sagte: «Posso?»

«*Ma certo*», antwortete ich in Gedanken noch in den Uffizien und bei Lucretia Borgia. Ich versuchte mir einen Reim auf den Inhalt des Gesprächs zu machen, musste aber immer wieder daran denken, dass mich der Marchese an Fred Feuerstein erinnerte. Ob ihm das wohl schon jemand gesagt hatte? Und während ich in meiner cartoon-dominierten Fantasie schwelgte, weckte mich die Frage: «Hätten Sie Lust, das Weingut einer Freundin zu besuchen?»

«Natürlich! Klar», nickte ich, ganz mediterran gestimmt.

Wenig später sass ich wieder in meinem Spider und fuhr in Richtung Norden zum Gut der Contessa, einer Wein- und Olivenölproduzentin. Sie erzählte mir von ihrer Passion für diese beiden Naturprodukte, und es dauerte nicht lange, bis uns Themen wie «Le Donne del Vino», die Magie der Toskana und die italienische Küche fest im Griff hatten.

«Warum kommen Sie nicht in die Toskana, um ein Buch zu schreiben», fragte sie mich.

«Ein Buch?», wiederholte ich.

«Ja, diese Gegend ist so inspirierend und Wein hat's ja auch genug, falls die Seele einen Gesprächspartner sucht.»

Sie meinte wohl, falls einem nichts in den Sinn kommt … Und während wir so da sassen, unsere Bäuche mit Brot, frisch gepresstem Olivenöl und Sangiovese füllten, fiel mir wieder der Marchese ein, der lieber über Pferde als seinen international verehrten Sassicaia philosophierte.

Da läutete das Telefon.

«*Siiiiii? Ah, che sorpresa!*», schrie die Contessa in den Hörer. «Ja, sie ist noch hier.»

Wer, ich? Wer wusste denn, dass ich hier war? Und nachdem die Contessa etwa drei mal «Si, si» und «ma certo» gesagt hatte, wurde mir klar, dass hier etwas im Gange war.

Noch während sie den Hörer in die Gabel zurücklegte, fragte sie mich: «Haben Sie heute Abend schon etwas vor?»

«Ähhh ... heute Abend? Nein ...», und bevor ich etwas hätte sagen können, erklärte sie mir mein Abendprogramm.

«Gut. Denn Freunde von mir geben eine Party. Nicht weit von hier. Das könnte spannend für Sie werden, denn die Weine, die sie produzieren, gehören zu den Besten der Toskana.»

Ist das nicht der Sassicaia?, dachte ich.

«Sie schlafen natürlich dort. Sonst können sie ja nichts trinken», sagte sie schmunzelnd. «Sie fahren übrigens ins Castello di Ama. Etwa eine Stunde von hier entfernt.»

Anderthalb Stunden später befand ich mich in einer zeitlosen Zone: Man hatte den Eindruck, die Zeit sei vor Jahrhunderten stehen geblieben. Die Landschaft wirkte wie für eine Filmkulisse aufgestellt. Das Castello glich zwar nicht einer Burg mit vielen kleinen Türmen, aber immerhin einer solid gebauten Festung, die auf einer kleinen Bergkuppe stand und das seit Ewigkeiten. Die Zufahrtsstrasse war alles andere als eben und die darin verankerten Pflastersteine locker wie der heutige Tag.

Man hatte mich offensichtlich erwartet, denn noch während ich zum Castello rollte, kam mir jemand entgegen, und von da an verlief der Abend ausserhalb jeden Zeitgefühls. Die Party war bereits im Gang, der Apéro im Garten serviert und der Sonnenuntergang in voller Aktion.

Ich lernte Lorenza Sebasti, die Herrin des Hauses, kennen, Weinjournalisten und Importeure aus aller Welt sowie einen Romanautor, der auf dem Castello sein Buch beendet hatte. Da musste ich an die Contessa denken. Ein Buch? Ja, vielleicht schreib ich einmal ein Buch.

Und je mehr Wein ich genoss, desto sicherer war ich mir, dass ich in der Toskana ein Buch schreiben würde.

Nachdem die Nacht das Castello fest im Griff hatte, zogen wir uns in sein Inneres – genauer gesagt: in eine seiner verschiedenen Küchen – zurück. Der zehn Meter lange Tisch war gedeckt und die Glut des Grills bereit, das eine oder andere Stück Fleisch zu garen. Als ich jedoch sah, was sie zu bewältigen hatte, kamen mir Zweifel auf, denn es wurden die grössten Steaks auf Erden gebracht, etwa 15 Zentimeter hoch und 40 lang.

«Das ist Chiannino-Fleisch», erklärte mir der Grillmeister, der niemand anderes war als der Metzger Fallorni aus Greve. Seine weissen Kühe galten als Toskaner Delikatesse und sein Metzgereigeschäft war seit Jahren eine touristische Attraktion.

«Könnten Sie auf das Fleisch aufpassen?» Was sich wie eine Frage anhörte, war eigentlich ein Befehl, denn schon hatte ich die Grillzange in der Hand.

«Äh … wie lange … ich meine, ich weiss nicht, wie lange das Fleisch auf dem Grill bleiben muss.»

«Ganz einfach. Sie warten, bis sich das Stück von selber vom Rost löst und Sie es mit der Zange, ohne zu fest zu drücken, herumschieben können. Ist das der Fall, drehen Sie es um und bestreuen die grillierte Seite mit reichlich Salz. Eine ganze Faust voll ist gut. Mit der zweiten Seite geht's genau so. Warten, umdrehen, salzen. Anschliessend noch ein, zwei Minuten ziehen lassen, *et voilà*.»

Et voilà, da stand ich also. Mit einem Glas Chianti Classico in der einen und einer Grillzange in der anderen Hand. Und während sich meine Gedanken durch diesen erlebnisreichen Tag kämpften und mein Weinglas bald mit einer frisch geöffneten La-Cassuccia-Flasche Bekanntschaft machte, grillierte ich sicher zwanzig Kilogramm beste Chiannino-Bistecce. Zum Essen kam ich auch – aber viel später.

Der Sassicaia mag vielleicht nicht der beste der Toskana sein, aber er bescherte mir doch immerhin eine wichtige Erkenntnis: Ich kann es! Ich bin von nun an in der Lage, jedes noch so grosse Steak zu grillieren! Das allein schon war den Ausflug wert.

Übrigens: Igors Kiste 97er Sassicaia habe … ich nicht behalten. Ich brachte sie ins Brockenhaus in der Hoffnung, dass sie dort jemand anderen inspirierte. Aber ein Buch in der Toskana zu schreiben, das war wirklich eine gute Idee …

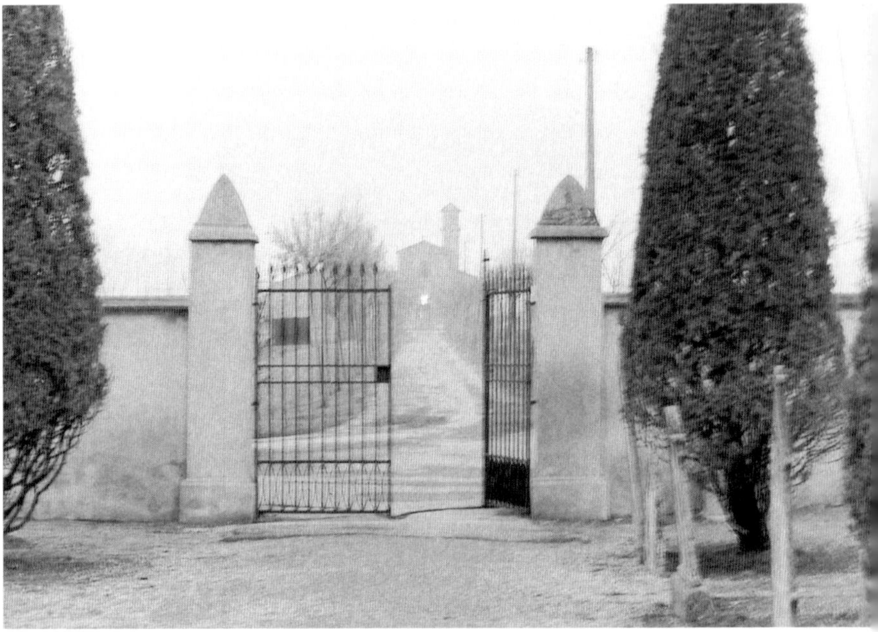

BARBARESCO 1995 VON ANGELO GAJA

oder
Warum es einfacher ist,
über Wein zu schreiben, als ihn zu verkaufen

An drei Abenden half ich meinem Freund, dem Weinliebhaber und Gastronom Beat Caduff im Weinkeller seines Restaurants aus. Folgende drei Szenen ereigneten sich in dieser Zeit. Mein erster Lohn bestand aus ein paar Flaschen Barbaresco 1995 von Angelo Gaja – einer meiner Favoriten in Sachen Wein. Mein zweiter Lohn war die Erkenntnis, dass ich nicht für die Front geschaffen bin. Gewonnen habe ich auch die Einsicht, dass jedem Weinhändler grosser Respekt gezollt werden sollte.

Schauplatz: Einer der schönsten Weinkeller von Zürich. Man erreicht ihn durch das Restaurant, in dem man hinter der Bar eine Treppe hinuntersteigt. Neben Hunderten von Topweinen sorgen zahlreiche Kerzen für eine magische Stimmung.

Szene 1: Der Legastheniker

Gast: Guten Abend.
Ich: Guten Abend, kann ich Ihnen behilflich sein?
Gerne, ich hatte diese Woche mit meinen Arbeitskollegen einen dieser Top-Italiener. Aus der Toskana. Ach, wie heisst er schon wieder?
Solaia?
Nein, nein, mit T. Ach ja! Triganello. Haben Sie den?
Sie meinen Tignanello?

Nein Triganello, den Topwein.
Also Triganello hat es nicht, aber Tignanello, und ich bin mir sicher, dass …
Nein, dann will ich etwas anderes.
(Ich versuche cool zu bleiben, was mir bereits nach diesen wenigen Sätzen schwer fällt. Triganello! Wenn das der Marchese Antinori hören würde.)
Möchten Sie etwas anderes aus der Toskana?
Ja klar. Haben Sie Sassi Grossi?
Den Tessiner Merlot?
Häää? Nein, den Cabernet Sauvignon aus der Toskana. Den berühmtesten aller Italiener.
(Na, jetzt übertreibt er ein wenig, auch wenn der Sassicaia sicher sehr populär ist.)
Sie meinen Sassicaia von Marchese Inchisa della Rochetta, dem Klassiker aus der Maremma.
(Ich zeige ihm die Flasche.)
Also den Marchese kenn ich nicht, aber genau, diese Flasche ist es. Das ist doch der berühmteste Wein Italiens. Was kostet die denn?
(Als ich ihm den Preis sage, lässt ihn seine anfängliche Euphorie etwas im Stich. Und es ist klar, dass er nicht bei dieser Flasche bleiben wird.)
Was! Von dem habe ich ja noch zwei im Keller. Gut zu wissen, was die Wert sind. Wahnsinn! Dann gibt es doch noch einen weiteren bekannten Wein aus der Toskana.
(Da haben wir's. Ich stehe einem klassischen Vier-Faltigkeits-Trinker gegenüber, für den die Toskana aus Sassicaia, Solaia, Ornellaia und Tignanello besteht.)
Sie meinen Ornell…aia!
(Vor lauter Triganello kann ich nur noch an Ornella denken und befinde mich in Gedanken plötzlich ungewollt in den Filmen von Ornella Muti, der Miss Cinéma, die nicht nur Adriano Celentano

zum Singen brachte ... Ob ihre Weine wie ihre Filme sind? Leichte Kost mit Sexappeal, konzipiert für Italiens männliche Bevölkerung?)
Ja, Ornellaia, der Wein, der im WineSpectator auf Platz eins war. Haben Sie den noch? Welcher Jahrgang war es doch schon wieder? 1997 oder 1998?
1998, aber der ist ausverkauft.
Nein. Typisch. Das was mir gefällt, gibt es nicht. Das muss ich aber dem Caduff sagen. O. k. Ja, was wäre denn aromatisch am ähnlichsten wie der Triganello?
Also wie der Triganello schmeckt zum Beispiel ...
(Ich gebe ihm eine Flasche des portugiesischen Weines Redoma, der in der *Revista de Vinnos,* Portugals Weinmagazin, auf Platz eins war und hoffe, dass er seinen Kollegen nicht erzählen wird, er habe den Rodema, den neusten Topwein aus Portugal bei Beat entdeckt.)

Szene 2: Ein Fall für Kill Bill

Ich möchte einen Wein!
(Klar. Gibt auch nichts anderes hier unten.)
Rot oder weiss?
Das spielt keine Rolle.
Ja, was essen Sie denn?
Ich das Steak und meine Frau die Poularde.
O. k., dann könnte ich Ihnen einen schwereren Chardonnay empfehlen. Einen aus Kalifornien zum Beispiel.
Ach, Chardonnay ist doch nicht mehr in. Zu viel Barrique und so. Und wird eh in jedem Kaff produziert. Nein, nein. Kennen Sie den Spruch: ABC – Anything but Chardonnay?
(Sein schweizerisch klingendes Englisch schmerzt in meinen Oh-

ren. Klar kenne ich diesen Spruch, aber der war vor fünf Jahren in.)

Wie wäre es dann mit einem Pinot Noir, zum Beispiel aus Pommard? Seine Würzigkeit würde gut zu Ihrem Steak passen und seine Finesse die Poularde nicht erdrücken.

Ach hören Sie mir auf mit dem Burgund. Ist doch alles viel zu teuer. Und die sitzen dort ja auf ihren Weinen. Spricht aber nicht gerade für dieses Lokal, dass hier Burgunder verkauft werden. Was ist denn mit Schweizer Weinen. Ist doch auch ein Schweizer, der Caduff?

(Aber nicht ein so spezieller wie du.)

Schweizer hätte es auch. Zum Beispiel den Pinot Noir von Gantenbein. Etwas üppig für die Poularde, aber perfekt für das Steak.

Und was kostet der?

(Ich zeige ihm den Preis.)

Was! Soviel zahle ich doch nicht für einen Schweizer Wein. Da verdient sich der Caduff aber eine fette Marge. Nein, darauf falle ich nicht rein. Ich habe ein gutes Gespür, wenn es darum geht, ein Schnäppchen zu machen. Aber das sind ja Wucherpreise. Haben Sie nicht etwas aus Italien?

Natürlich, die ganze Wand hier ist voll.

(Er geht ein paar Minuten auf und ab und kommt dann zu mir zurück.)

Ja, was könnten Sie mir denn empfehlen?

(Dass du wieder zu deiner Frau und zur Poularde gehst.)

Die Italiener kosten halt alle etwa so viel wie der Gantenbein.

Und? Bei einem Italiener ist das auch o. k.

Aha, das habe ich mir noch nie überlegt.

Ja sehen Sie, da können Sie noch etwas lernen.

Zum Beispiel einen reifen Chianti Classico.

Bitte, bitte, nur nichts aus der Toskana. Da sitzen doch sowieso die ganzen Schweizer und Deutschen auf ihren Gütern und machen Weine, die sie dann wieder in ihrer Heimat verkaufen wollen. Ja, ja, plötzlich ist die Heimat wieder gut genug, dann nämlich, wenn es darum geht, Geld zu

machen. *Also die Toskana, die ist für mich tabu. Auch als Feriendestination.*
(Ich bin ganz benommen von all diesen Theorien und vermisse Beat, der jetzt genau wüsste, welchen Wein er zücken müsste.)
Haben Sie einen Amarone?
Hat es. Zwei verschiedene.
(Passt zwar absolut nicht zur Poularde, aber bei deiner langen Abwesenheit scheint dir das Wohlwollen deiner Frau eh nicht wichtig zu sein.)
Das ist Wein. Seit Jahren ein sicherer Wert.
(Seit Jahren ein überteuerter Killer. Eine Flasche und man ist k.o.)
Aber wir trinken Amarone immer nur an Weihnachten. Schade, dass heute nicht Weihnachten ist. Auf den hätte ich jetzt Lust gehabt.
(Er legt die Flasche zurück.)
Wenn Ihnen Amarone gefällt, sollten Sie einen Primitivo aus dem Süden Italiens probieren. Der hier ist neu im Keller.
Um Himmels willen. Sicher einer von diesen modernen Konfitüreweinen. Viel Lärm um nichts! Sie verstehen, was ich meine. Viel auf der Zunge und wenig im Abgang. Das sind doch alles Blender. Gemacht für eine Generation, die mit Werbung aufgewachsen ist. Nicht wie unsereins.
(Ich wünschte mir irgendwo zu sein, nur nicht hier, denn mein Latein ist am Ende, im Gegensatz zu meiner Arbeitszeit, die sich erst der Halbzeit nähert.)
Haben Sie auch Restposten? Einzelflaschen oder solche mit einem beschädigten Etikett?
Es hat hier eine Kiste mit Einzelflaschen. Die Preise stehen drauf.
(Zwei Minuten später stieg er die Treppe zum Restaurant empor mit einer Flasche Chardonnay aus Argentinien in der Hand. Einer dieser typisch holzlastigen Weine, die für Holzwürmer Nektar erster Güte sind.)

Szene 3: Onassis-Söhne

Guten Abend. Wie viele Weinflaschen hat's in diesem Weinkeller?
Genau weiss ich das nicht. Aber ein paar tausend sind es schon.
Was, Sie wissen nicht einmal, wie viele Flaschen es hier hat? Wie können Sie den Wein verkaufen, wenn Sie die Zahl nicht kennen?
(Ich schweige.)
Welches ist der teuerste Wein?
Der müsste sich hier in diesem Gestell befinden. Hier bewahrt Beat Caduff alle Raritäten auf.
Wissen Sie das auch nicht! Sie sind mir ja eine Weinberaterin. Haben Sie überhaupt schon mal einen Bordeaux getrunken?
Den einen oder anderen.
Ja auch die wirklich guten. Le Pin und so?
Auch die ...
Sie wissen was Le Pin ist? Nicht der französische Politiker. Sondern ein super Wein aus Bordeaux. Das ist Wein! Ist zwar kaum zu bezahlen, aber wenn Bordeaux, dann Le Pin. Habe ein paar Kistchen davon in meinem Keller, aber heutzutage bekommt man den ja fast nicht mehr. Kenner wissen halt, welches die guten Weine sind. Man muss nur immer schauen, was ausverkauft ist, dann weiss man, welches die besten Weine sind.
(Ich muss an Fiona Morrison denken, die Frau von Mr. Le Pin Jacques Thienpont und was sie wohl zu solch einem Fan sagen würde. Ich lasse ihn die Raritäten studieren und sehe nach einem anderen Gast. Fünf Minuten später steht er wieder neben mir und fragt mich nach dem teuersten italienischen Wein.)
Die Weine von Angelo Gaja befinden sich hier.
Ja, der Angelo. Der weiss wie man sich verkauft. Seine Weine sind auch top, aber die trinke ich immer zu Hause. Was haben Sie sonst noch? Haben Sie Luce?
Ja, den hat's hier.

Schon dieses Etikett! Wie es mich anstrahlt. Ein klasse Wein. Den nehme ich. Haben Sie diesen Wein schon einmal getrunken? Wenn nicht, können Sie einen Schluck probieren.
Habe ich. Vielen Dank jedoch.
Und, was halten Sie davon?
Nicht mein Favorit. Und auch punkto Preis-Leistungs-Verhältnis viel zu teuer. Ich würde eher den Lucente trinken.
Kommen Sie mir nicht mit Preis/Leistung. Wein muss teuer sein. Alles unter 50 Franken ist doch ein Fusel. Und was man im Supermarkt angeboten bekommt, ist ja gar kein Wein. Pfui. Nein, nein. Der Luce ist nicht zu teuer und zudem ist das ja eine absolute Rarität. Wussten Sie, dass Robert Mondavi bei diesem Wein seine Hände im Spiel hat? Genau wie beim Opus One. Und gegen Opus One kann man jetzt nichts sagen. Das ist jetzt einfach das Grösste, was es aus Kalifornien gibt.
Sicher ein ganz wichtiger Wein.
Aber Opus mögen Sie?
Jein. Mir gefällt zum Beispiel der Cabernet Sauvignon Reserve von Mondavi besser – auch preislich der bessere Kauf.
Sie sind mir ja eine Weinspezialistin. Weiss der Beat, wen er hier im Keller hat?

Ja weiss er das? Ich frage mich, wie er bei all diesen Weinexperten die Nerven behält und immer freundlich ist, während ich mich innerlich nach meiner Arbeit im stillen Kämmerlein sehne. Der Luce-Fan geht ins Restaurant zurück und ich wende mich dem nächsten Gast zu. Erregt, so viele Flaschen zu sehen, verliert der die Kontrolle über seine Bewegungen und bringt einen der zahlreichen Kerzenständer zum kippen. Dummerweise stehe ich nebendran, und während das heisse, flüssige Wachs in meinen Pullover dringt, denke ich an den 95er Barbaresco von Gaja und verstehe plötzlich, wieso Umberto Eco im «Namen der Rose» die Fieslinge in heissen, flüssigen Saucen umbringen lässt.

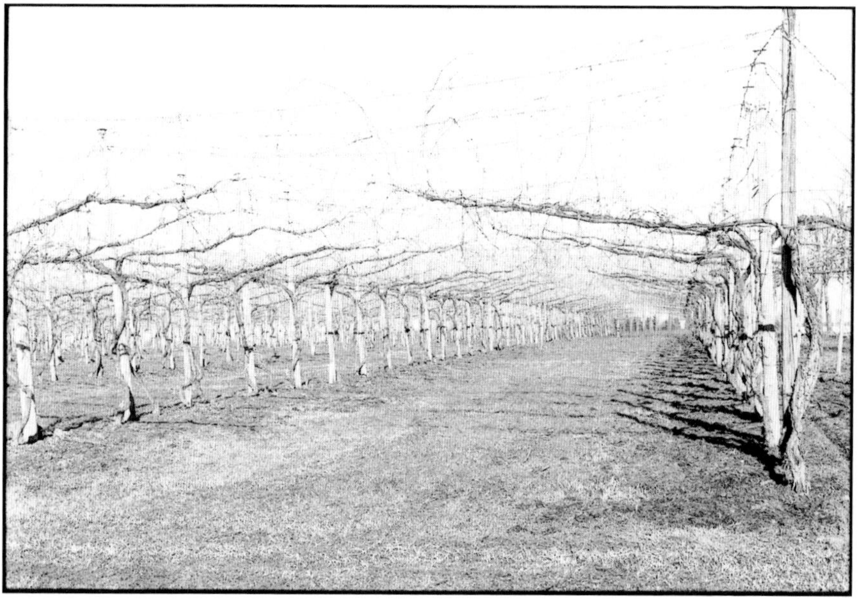

LAMBRUSCO DELL'EMILIA

oder
Wenn der Abschiedsstreit 7 dl lang
vor sich hin schäumt

Eines meiner Lieblingsrestaurants in Reggio Emilia ist das Canossa. Von aussen unscheinbar, von innen unspektakulär wie eine Strassenbahn. Alles ist unverändert seit meinem ersten Besuch – und der liegt Jahre zurück. Die Kellner, ihre Kleidung, das Besteck, die Tischordnung ... der falsche Ligabue an der Wand und das Essen. Menükarten gibt's nicht – ja, eine oder zwei, falls sich ein «turista» hierher verirrt. Wie dem auch sei: Ich bekomme hier sämtliche kulinarischen Mythen der Emilia ungefragt auf den Teller und zwar so gut gekocht, dass ich jedes Mal mit Garantie zu viel esse. Prosciutto di Parma, Tortelli di Zucca, Culatello und Tiramisu.

Getrunken wird Lambrusco, denn bei derart schwerer Kost würde kräftigerer Wein zur unverzüglichen Erschöpfung führen. Wobei auch der pensionierte *Ingeniere* jeden Mittag kurz am Tisch einschläft – ohne Zugabe eines Fremdweines. Es dauert jeweils fünf bis sieben Minuten, dann wacht er wieder auf, bestellt sich einen Kaffee und geht – bis er am nächsten Mittag wieder vor der Tür steht.

Ich habe im Ristorante Canossa schon den verschiedensten Gesprächen gelauscht, aber eines blieb in meiner Erinnerung wie das Parfüm meiner Grossmutter – «Il mio Sogno» von Borsari aus Parma.

Frühling 2003, 12.30 Uhr: Am Tisch neben mir ein junges Paar, so um die Vierzig, das den Termin beim Scheidungsanwalt bereits gebucht hatte. Mir fielen die beiden auf, weil sie sich denselben Lambrusco bestellten – den besten des Lokals. Einen pechschwarzen Lambrusco dell'Emilia aus dem Hause Foieta, der die Zunge schwarz einfärbt, während er prickelnd den Hals hinunterfliesst. Im Canossa ist er nicht immer erhältlich, zumal seine Güte allgemein bekannt ist und seine Entkorkfrequenz entsprechend hoch. Ich trank gerade meinen ersten Schluck, als wir alle, das ganze Restaurant, Zeuge eines tragikomischen Stückes der *commedia dell'arte* wurden.

Sie (hysterisch): Ich will dich nicht mehr sehen. Ich will dich nicht mehr hören. Es ist Zeit, dass du lernst, dass es vorbei ist.
    Er (ruhig): Aber Mariagrazia ...
    Sie (hysterisch): Ich bin so happy, dass es ein Ende hat. Es ist dir immer gelungen, mich fertig zu machen, wenn ich nichts gegen dich vorzubringen hatte. Aber jetzt ist Schluss.
    Er (laut): Sei still und hör zu!
    Sie (hysterisch und mit dem Finger auf ihn zeigend): O. k., noch das eine Mal, aber von einer Person wie dir lasse ich mir gar nichts mehr sagen. Gar nichts! Hörst Du, Marcello!

Ich trank und tat, als hörte ich nichts, während der Kellner mit dem Prosciutto dolce kam.

Er (ruhig und wie ein Pfarrer sprechend): Ich kann deine Aufregung verstehen. Du bist jetzt durcheinander und in einer für dich neuen Situation. Da ist deine Reaktion völlig normal.
    Sie (sichtlich erregt): Pass auf, wo deine Stärken sind, Marcello. Du begibst dich auf unbekanntes Terrain. Woher willst Du überhaupt wissen, was für mich neu ist. Du weißt ja gar nichts über

mich. Ha! Du, mit deinen blöden, väterlichen Ratschlägen. Ich hätte halt doch am besten auf meine Mutter gehört. Für sie warst du immer ein Schlappschwanz. Hörst du, ein Schlappschwanz!

Er (immer noch ruhig): Lass doch deine Mutter aus dem Spiel, bitte!

Sie (auf Hochtouren): Wart nur bis sie wirklich ins Spiel kommt. Sie wird dem Advocato die eine oder andere Geschichte erzählen. Verlass Dich drauf.

Er (leicht sarkastisch): Nun, auf deine Mutter war ja immer Verlass … wenn es darum ging, sich in unsere Angelegenheiten zu mischen.

Sie (bestätigt): Zum Glück. Denn wenn es nicht wegen ihr wäre, wüsste ich die Geschichte mit Sarah nicht. Der kleinen Hure aus dem Büro.

Meine Tagliatelle all Ragu dampften vor mich hin und ich kochte innerlich, mir einen solchen Stumpfsinn mit anhören zu müssen. Fernseher kann man abstellen, aber diese zwei nicht. Zum Glück lenkte mich mein leeres Glas etwas ab. Können die nicht nach Hause gehen, am besten zur Mamma, und diese Seifenoper weiterführen, dachte ich und füllte auf. Offensichtlich konnten sie nicht.

Er (immer noch ruhig): Ich fürchte mich vor dir. Du hast ein System entwickelt, um mich total zu verwirren. Ich kenne dich gar nicht mehr.

Sie (fast schon etwas triumphierend): Gar nie hast du mich gekannt. Und lass Dir eins sagen, um eine Mariagrazia zu ersetzen, braucht es zehn Sarahs. Ach was sage ich, hundert!

Er (nicht mehr so gefasst): Lass Sarah aus dem Spiel. Sie spielt doch gar keine Rolle.

Sie (erregt): Wie wagst du es, so etwas zu sagen, nach dem was

Du mir angetan hast. Alle wussten davon. Deine Kollegen. Im Büro. Auch die Signora Bianchi. Und wenn sie etwas weiss, weiss es die ganze Stadt. Mit einer Sekretärin. Hättest Du nicht etwas Besseres aussuchen können? Oder wollen dich intelligentere Frauen nicht?

Ich schenkte weiter nach, wobei mit jedem Schluck Lambrusco die Gefahr grösser wurde, dass sich meine Zunge lockern könnte. Was für Idioten, und das in Italien, in meinem geliebten Canossa, am Tisch neben mir. Wahrlich, nicht mein Glückstag. Während meine Nachbarn fröhlich weiterstritten, brachte man mir die Cotoletta di maial con spinacci.

Sie (bitter): Das wirst Du mir büssen.

Er (bestimmt): Ich bin noch nicht fertig. Du und deine Mutter, dass ist ja schlimmer als Krebs. Hast du dir schon einmal überlegt, dass sie alles versucht, um uns zu stören. Jedes Wochenende müssen wir zu ihr und wie oft ruft sie an … einmal, zweimal, dreimal am Tag. Ach, ich will es gar nicht wissen, aber mach du mir ja nie mehr einen Vorwurf wegen deiner Mutter. Ich hab's satt und zwar bis über beide Ohren. Und noch etwas: das mit Sarah steht in keinem Verhältnis mit der Beziehung, die du zu deiner Mutter hast. Denk doch vielleicht einmal darüber nach, wenn du nicht gerade bei deiner Mutter bist.

Sie (bitter): Du bist ja so stark in deinen Argumenten, so rational und hast immer eine Antwort.

Er (abgestellt): Stört dich das?

Sie (bitter): Nein, aber du musst dir sehr stark vorkommen.

Er (verzweifelt): Nein, Mariagrazia. Eigentlich fühle ich mich elend.

Sie (triumphierend): Gut so. Dann weißt du, wie ich mich gefühlt habe, als ich das von Sarah erfahren habe. Du Schwein!

Er (schockiert): Bitte … Mariagrazia … die Leute …
Sie (laut durchs Lokal schreiend): Du Schwein!

Und während das Echo dieser Worte durch das Canossa hallte und für eine Sekunde eine allgemeine Verwirrung verursachte, stand sie auf und verliess das Lokal. Er war sichtlich geschockt, legte ein paar Scheine auf den Tisch, blickte verzweifelt zum Kellner und rannte zum Ausgang – vorbei am falschen Ligabue.

Schwein!, schoss es mir durch den Kopf, während ich auf den Rest meiner Cotoletta di maiale blickte. Ich hätte doch besser nach dem Prosciutto stoppen sollen. Aber jetzt war es zu spät.

Mein Lambrusco war leer, ich voll und fix und fertig. Musste an Edward Albees Stück «Who's Afraid of Virginia Woolf?» denken und daran, wie gern ich Richard Burton und Elizabeth Taylor zusah, wenn sie sich gegenseitig fertig machten, während sie einen Whisky nach dem anderen tranken. Nicht wie diese zwei hier. Mariagrazia und Marcello. Sie sind gegangen – ohne einen Schluck ihres Lambruscos angerührt zu haben. Nüchtern wie die Dummheit und zerstört wie das Colosseum. Wie kann man so streiten, ohne zu trinken?

Ihre Flasche stand auf dem Tisch und sah mich an. Genau so wie … der Kellner, der diese Szene auch verzweifelt mitverfolgt hatte.

«Trinken wir sie aus?», fragt er mich.

«Trinken wir sie aus!», antworte ich.

«*La vita e una merda! Salute*», prostete er mir zu.

«*Una merda*», lallte ich zurück.